#philosophieorientiert

**Reihe herausgegeben von**

In der Politik, in der Gesellschaft aber auch im Alltäglichen haben wir es immer wieder mit grundsätzlichen Fragen danach zu tun, was man tun soll, was man glauben darf oder wie man sich orientieren sollte. Also etwa: Dürfen wir beim Sterben helfen?, Können wir unseren Gefühlen trauen?, Wie wichtig ist die Wahrheit? oder Wie viele Flüchtlinge sollten wir aufnehmen? Solche Fragen lassen sich nicht allein mit Verweis auf empirische Daten beantworten. Aber sind die Antworten deshalb bloße Ansichtssache oder eine reine Frage der Weltanschauung? In dieser Reihe zeigen namhafte Philosophinnen und Philosophen, dass sich Antworten auf alle diese Fragen durch gute Argumente begründen und verteidigen lassen. Für jeden verständlich, ohne Vorwissen nachvollziehbar und klar positioniert. Die Autorinnen und Autoren bieten eine nachhaltige Orientierung in grundsätzlichen und aktuellen Fragen, die uns alle angehen.

Bisher erschienene Bände:
Jens Kipper, Künstliche Intelligenz – Fluch oder Segen? | Friederike Schmitz, Tiere essen – dürfen wir das? | Bettina Schöne-Seifert, Beim Sterben helfen – dürfen wir das? | Hilkje Charlotte Hänel, Sex und Moral – passt das zusammen? | Dominik Balg: Toleranz – was müssen wir aushalten?
http://www.springer.com/series/16099

Johannes Giesinger

# Wahlrecht – auch für Kinder?

J.B. METZLER

Johannes Giesinger
St. Gallen, Schweiz

ISSN 2524-468X ISSN 2524-4698 (electronic)
#philosophieorientiert
ISBN 978-3-662-64698-4 ISBN 978-3-662-64699-1 (eBook)
https://doi.org/10.1007/978-3-662-64699-1

Die Deutsche Nationalbibliothek verzeichnet diese Publikation in der Deutschen Nationalbibliografie; detaillierte bibliografische Daten sind im Internet über http://dnb.d-nb.de abrufbar.



Planung/Lektorat: Franziska Remeika
J.B. Metzler ist ein Imprint der eingetragenen Gesellschaft Springer-Verlag GmbH, DE und ist ein Teil von Springer Nature.
Die Anschrift der Gesellschaft ist: Heidelberger Platz 3, 14197 Berlin, Germany

# Inhaltsverzeichnis

# 1

# Einleitung

„Jeder hat das Recht, an der Gestaltung der öffentlichen Angelegenheiten seines Landes unmittelbar oder durch frei gewählte Vertreter mitzuwirken", heißt es in Artikel 21 der Menschenrechtserklärung der Vereinten Nationen, die 1948 verabschiedet wurde (Vereinte Nationen 2021). „Jeder Mensch" soll also das Wahlrecht haben, allerdings nur in seinem eigenen Land: Hierbei handelt es sich also um ein Recht, von dem all jene ausgeschlossen werden können, die nicht über die Staatsbürgerschaft des jeweiligen Landes verfügen. Eine Altersgrenze wird hingegen nicht angegeben: Wenn jede Bürgerin oder jeder Bürger das Recht zu wählen haben soll, müsste dies streng genommen auch für Kinder und Jugendliche gelten. Diejenigen, die diesen Artikel formuliert haben, sind jedoch stillschweigend davon ausgegangen, dass jüngere Gesellschaftsmitglieder von der politischen Mitbestimmung ausgeschlossen sind. In den nationalen Verfassungen, in denen die politischen Rechte geregelt sind,


J. Giesinger, *Wahlrecht – auch für Kinder?*, #philosophieorientiert,
https://doi.org/10.1007/978-3-662-64699-1_1

werden Altersgrenzen festgelegt: Nach dem Zweiten Weltkrieg wurde die Alterslimite für das aktive Wahlrecht in der Bundesrepublik Deutschland zunächst von 20 auf 21 Jahre erhöht. Die Altersgrenze für das passive Wahlrecht wurde im Grundgesetz auf 25 Jahre festgelegt. 1970 erlangten die 18-Jährigen das aktive Wahlrecht, 1974 – mit der Absenkung des Volljährigkeitsalters auf 18 Jahre – wurde auch die Altersgrenze für das passive Wahlrecht gesenkt (Tremmel 2015, 122). Seither wurde das aktive Wahlrechtsalter in einigen deutschen Bundesländern herabgesetzt: Dort können 16-Jährige inzwischen auf kommunaler Ebene wählen und teils auch an Landtagswahlen teilnehmen (Tremmel 2015, 108). In der Schweiz wurde das Wahlalter bislang nur in einem Kanton, in Glarus, auf 16 Jahre herabgesetzt (Kanton Glarus 2007). In Österreich hingegen können 16-Jährige bereits seit 2007 auf Bundesebene wählen (Bundeskanzleramt o. J.).

Es besteht also ein Trend zur Absenkung des Wahlalters, der von deutlich weitergehenden Forderungen begleitet ist: Kinder und Jugendliche sollen ungeachtet ihres Alters über volle politische Rechte verfügen. Teils wird ein Wahlrecht ‚ab Geburt' verlangt, bisweilen verbunden mit der der Idee, dass Kinder zumindest in den ersten Jahren durch ihre Eltern vertreten werden. Das Kinderwahlrecht wird hier zu einem elterlichen Stellvertreterwahlrecht (Tremmel 2015; Kiesewetter 2009; dagegen: Weimann 2002). Wirken die Eltern zunächst als politische Stellvertreter der Kinder, so muss entschieden werden, ab welchem Zeitpunkt die Kinder selbst ihre politischen Rechte ausüben.

Der Trend zum verstärkten politischen Einbezug von Kindern und Jugendlichen kann in den größeren Rahmen historischer Entwicklungen gestellt werden, in denen immer breitere Bevölkerungsgruppen in den demokratischen Prozess eingeschlossen wurden. Die Idee der Demokratie war zwar stets – oder zumindest seit der Zeit der Aufklärung – mit der Vorstellung der politischen Gleichheit verknüpft. Trotzdem definierte beispielsweise Immanuel Kant Ende des 18. Jahrhunderts den Kreis sogenannt aktiver Staatsbürger, die über das Wahlrecht verfügen, sehr eng: Als Kriterium diente ihm die „bürgerliche Selbständigkeit“, d. h. die Fähigkeit, sich ökonomisch selbst zu erhalten (Kant 1977, § 46). Vor diesem Hintergrund erscheinen neben Frauen und Kindern auch Bedienstete als passive Staatsbürger, die den vollwertigen Bürgern zwar als Menschen gleichgestellt sind, aber politisch nicht mitbestimmen können sollen.

In entsprechender Weise schloss etwa die erste demokratische Verfassung der Schweiz (1848) nicht nur Frauen und Kinder vom Wahlrecht aus, sondern auch Juden und all jene, die zu arm waren, um Steuern zu bezahlen (Poledna 2021). Es dauerte bis zur Einführung des Frauenstimmrechts im Jahre 1971, bis alle erwachsenen Staatsbürger und -bürgerinnen auf Bundesebene über volle politische Rechte verfügten. Auch in den Vereinigten Staaten, in deren Verfassung von 1787 die Gleichheit aller Menschen beschworen wird, waren große Bevölkerungsgruppen lange Zeit vom demokratischen Prozess ausgeschlossen, neben Frauen und Kindern insbesondere die Angehörigen der afroamerikanischen Minderheit. In den Anfangszeiten der amerikanischen Demokratie hatten allerdings auch viele weiße Männer nicht die Möglichkeit, politisch mitzubestimmen (Lichtman 2018).

Angesichts dieser Entwicklungen ist es naheliegend, die Idee der politischen Gleichheit auf jüngere Gesellschaftsmitglieder auszudehnen: Wenn „jeder Mensch“ politische Mitbestimmungsrechte haben soll, scheint es nicht gerechtfertigt, Personen aufgrund ihres Alters von diesen Rechten auszuschließen (Weimann 2002).

Das wichtigste Argument gegen die Aufhebung der Altersgrenzen lautet, Kinder seien noch nicht fähig, das Wahlrecht angemessen wahrzunehmen. Hier wird man zugestehen, dass Alter allein kein Kriterium für die Gewährung des Wahlrechts sein kann. Es wäre diskriminierend, jemanden ausschließlich wegen seiner Zugehörigkeit zu einer bestimmten Altersgruppe vom demokratischen Prozess auszuschließen. Die Annahme ist aber, dass jüngere Personen nicht ausreichend kompetent sind oder nicht über die nötige Erfahrung und das Wissen verfügen, um an demokratischen Entscheidungen beteiligt werden zu können.

Die Rede von einem Wahlrecht *für Kinder* wirft die Frage auf, was ein ‚Kind' oder was ‚Kindheit' ist: Die heutige Praxis, wonach Kinder kein Wahlrecht haben, beruht auf der Annahme eines moralisch relevanten Unterschieds zwischen ‚Kindern' und ‚Erwachsenen'. Das *erste Kapitel* geht der Frage nach dem Kinderwahlrecht im Kontext der Diskussion um die Bedeutung von Kindheit nach. Ein wesentliches Ergebnis dieser Überlegungen ist, dass Kindheit nicht nur ein Naturphänomen ist, sondern auch ein ‚sozialer Status', der unterschiedlich ausgestaltet werden kann: Die Frage ist, welche Rechte und Pflichten Personen im Status der Kindheit zugeschrieben werden sollen und wie der Übergang in den Status des Erwachsenen ausgestaltet werden sollte, der heute mit vollen politischen Rechten verbunden ist. Ich verwende in diesem Zusammenhang auch den Begriff des ‚politischen Status', der in unseren Gesellschaften mit dem Erwachsenen-Status zusammenfällt.

Wenn im *zweiten Kapitel* vom Begriff der Rechte – und von der Frage nach kindlichen Rechten – ausgegangen wird, so bezieht sich diese Diskussion auf einen Aspekt des Kindes-Status: Die Frage ist, ob dieser Status volle politische Rechte beinhalten soll und welche Verpflichtungen Kindern sinnvollerweise zugeschrieben werden können. In diesem Kontext werden auch unterschiedliche Modelle des Übergangs in den vollen politischen Status diskutiert: Altersgrenzen, Kompetenztests sowie die persönliche Interessenbekundung. Die gängige Praxis, das Wahlrecht vom Alter abhängig zu machen, wird im Grundsatz als die fairste Variante verteidigt. Es wird anerkannt, dass ein solches System individuellen Entwicklungsunterschieden nicht Rechnung trägt, aber argumentiert, dass dieses Modell den verfügbaren Alternativen dennoch vorzuziehen ist.

Das *dritte Kapitel* fügt diese Überlegungen zu Kindheit und den Rechten von Kindern in den Rahmen politisch-philosophischer Erwägungen ein, die sich um Demokratie, Gerechtigkeit und die Legitimität politischer Machtausübung drehen. Der Ausschluss der Kinder vom Wahlrecht erzeugt, wie erläutert wird, ein Legitimitäts- und ein Gerechtigkeitsproblem: Zum einen hat es zur Folge, dass Kinder politischen Maßnahmen unterworfen sind, bei deren Ausarbeitung sie sich nicht beteiligen konnten, zum anderen kann ihre mangelnde Repräsentation im demokratischen Prozess dazu führen, dass ihre Interessen nicht angemessen oder gerecht berücksichtigt werden. Vor diesem Hintergrund wird auch diskutiert, ob diese Probleme gelöst werden können, wenn Eltern oder andere Personen stellvertretend für Kinder wählen. Das Stellvertretermodell wird in diesem Buch genauso wenig vertreten wie ein direktes Kinderwahlrecht ohne Altersgrenze. Das *vierte Kapitel* hebt hervor, dass bestimmte Formen politischer Partizipation in Demokratien auch denen offenstehen, die vom Wahlrecht ausgeschlossen sind. Es wird argumentiert, dass die Partizipation von Kindern und Jugendlichen gefördert werden sollte: Die Kindheit soll in diesem Sinne ‚politisiert' werden.

## Literatur

Bundeskanzleramt: Wählen mit 16. In: https://www.frauen-familien-jugend.bka.gv.at/jugend/beteiligung-engagement/waehlen-mit-16.html (20.5.2021).

Kant, Immanuel: Metaphysik der Sitten [1797]. In: Werkausgabe, Bd. 8. Frankfurt am Main 1977.

Kanton Glarus: Abschrift Landsgemeindeprotokoll 2007, Traktandum 7. Antrag betreffend Einführung Stimmrechtsalter 16. In: https://www.gl.ch/public/upload/assets/29874/Abschrift%20Landsgemeindeprotokoll%202007.pdf (20.5.2021).

Kiesewetter, Benjamin: Dürfen wir Kindern das Wahlrecht vorenthalten? In: Archiv für Rechts- und Sozialphilosophie 95/2 (2009), 252–273.

Lichtman, Allan: The Embattled Vote in America. From the Founding to the Present. Cambridge Mass. 2018.

Poledna, Tomas: Stimm- und Wahlrecht. In: Historisches Lexikon der Schweiz, Version vom 02.02.2021. In: https://hls-dhs-dss.ch/de/articles/026453/2021-02-02/(20.5.2021).

Tremmel, Jörg (2015): Demokratie, Epistokratie und der Ausschluss Minderjähriger vom Wahlrecht: Der Vorschlag eines Wahlregisters für Jugendliche und ältere Kinder. In: Jörg Tremmel/Markus Rutsche (Hg.): Politische Beteiligung junger Menschen: Grundlagen – Perspektiven – Fallstudien. Wiesbaden 2015, 107–144.

Vereinte Nationen: Allgemeine Erklärung der Menschenrechte [1948]. In: https://www.un.org/depts/german/menschenrechte/aemr.pdf (8.7.2021).

Weimann, Mike: Wahlrecht für Kinder. Eine Streitschrift. Weinheim/Basel: Beltz 2002.

# 2

# Kinder und Kindheit

## 2.1 Kindheit: Defizitorientierte und romantisierende Auffassungen

Kinder und Jugendliche sind in demokratischen Staaten von Wahlrecht ausgeschlossen. Parallel dazu bestehen weitere Regelungen, die einen sozialen und rechtlichen Unterschied zwischen Kindern und Erwachsenen markieren. So verfügen Kinder nicht über das Recht, wichtige Entscheidungen in ihrem Leben selbst zu treffen. Gleichzeitig werden sie im Strafrecht speziell behandelt: Während kleine Kinder von strafrechtlichen Bestimmungen ganz ausgenommen sind, unterstehen Jugendliche in vielen Ländern einem besonderen Jugendstrafrecht.

Mit solchen Regelungen gehen bestimmte Vorstellungen darüber einher, was es bedeutet, ein Kind zu sein, und wie sich Kinder von Erwachsenen


J. Giesinger, *Wahlrecht – auch für Kinder?*, #philosophieorientiert,
https://doi.org/10.1007/978-3-662-64699-1_2

unterscheiden. In diesem Kontext wurde oft kritisch von einer ‚defizitorientierten' Sichtweise von Kindern gesprochen: Kinder sind Personen, denen es im Vergleich zu Erwachsenen an relevanten Fähigkeiten mangelt (Matthews 1995). Sie sind noch nicht vernünftig, kompetent, urteilsfähig, autonom oder verantwortlich. Folglich können sie nicht wie Erwachsene strafrechtlich belangt werden, und es ist gerechtfertigt, sie zu ihrem eigenen Wohl in ihrer Freiheit einzuschränken. Aufgrund mangelnder Fähigkeiten, so die Annahme, sind sie in spezieller Weise verletzlich und abhängig und bedürfen eines besonderen Schutzes. Ihr Mangel an politisch relevanten Fähigkeiten oder Eigenschaften rechtfertigt es demnach, sie aus dem demokratischen Prozess auszuschließen.

Dieser defizitorientierten Perspektive auf Kinder wurde schon früh eine Sichtweise entgegengesetzt, die ich – mit kritischem Unterton – als ‚romantisierend' bezeichnen möchte. Von Jean-Jacques Rousseau inspiriert ist die Auffassung, wonach Kinder wesentlich anders sind als Erwachsene und die Kindheit deshalb als Lebensphase mit eigenen Merkmalen und eigenem Wert zu betrachten ist (Rousseau 1971). Kinder sind nicht defizitäre Erwachsene, sondern menschliche Wesen eigener Art, die über spezielle Fähigkeiten verfügen und Erwachsenen in mancherlei Hinsicht sogar überlegen sind. Bisweilen wird gesagt, Kinder seien besonders neugierig, offen, kreativ, fantasievoll und verspielt – kleine Künstler, Wissenschaftler oder Philosophen. Entsprechend gelten spielerische und kreative Tätigkeiten den Kindern als besonders angemessen. Vor diesem Hintergrund hat sich in der neueren Philosophie eine Diskussion über ‚Güter der Kindheit' entwickelt, d. h. über Dinge, die für Kinder in besonderer Weise wertvoll sind (Giesinger 2017). Der Fokus liegt *zum einen* auf Gütern, die für

Kinder *als Kinder* wertvoll sein sollen, nicht nur im Hinblick auf ihr zukünftiges Erwachsenenleben. So kann man argumentieren, dass das freie Spiel für das Wohlergehen von Kindern *in der Gegenwart* zentral ist. Damit wendet man sich gegen eine rein zukunftsorientierte Sichtweise von Kindheit, die mit der Auffassung einhergeht, wonach die Kindheit selbst ein defizitärer Zustand ist, der überwunden werden sollte.

*Zum anderen* wird gesagt, manche dieser Güter seien nur für Kinder – nicht aber für Erwachsene – wertvoll. Ob das für das freie Spiel gilt, bleibe hier dahingestellt: Auch für Erwachsene können spielerische Tätigkeiten ein wichtiger Teil ihres Lebens sein. Harry Brighouse und Adam Swift (2014, 65) nennen zwei Güter, die ihrer Auffassung nach nur für Kinder wertvoll sind, ein konstantes Gefühl der Sorglosigkeit und sexuelle Unschuld. Auch Colin Mcleod (2016, 14) spricht von der Unschuld der Kinder, meint es aber in dem Sinne, dass es für Kinder gut sei, von schädlichen Informationen unberührt zu bleiben. Hebt man solche Güter hervor, so bekräftigt man die Auffassung, wonach die Welt der Kinder von der Sphäre der Erwachsenen klar unterschieden sein sollte. Kinder sollten ‚Kind sein dürfen' und von den Problemen der Erwachsenenwelt abgeschirmt werden.

Auf dieser Grundlage entwickelt Alexander Bagattini (2015) ein Argument gegen ein Wahlrecht für Kinder: Für ihn sind die speziellen Güter der Kindheit ein Aspekt der „Wohlfahrtsinteressen" von Kindern. Er schreibt: „Wählen bedeutet, eine Entscheidung zu treffen, die es mit sich bringt, sich über reale Probleme zu orientieren. Meine These ist, dass diese Art von Entscheidungen mit den Wohlfahrtsinteressen von Kindern an einer sorglosen Kindheit, die frei von pragmatischen Zwängen ist, konfligieren. Es ist eine Errungenschaft der Aufklärung, die Kindheit als einen separaten und schützenswerten Raum zu begreifen, der eben nicht durch die gleichen normativen Prinzipien strukturiert ist wie die ‚Erwachsenenwelt'" (Bagattini 2015, 180). Das Argument ist also, dass die Gewährung des Wahlrechts das kindliche Wohl gefährdet, weil sie sich im politischen Entscheidungsprozess mit Problemen beschäftigen, die sie in ihrer kindlichen Sorglosigkeit und Verspieltheit beeinträchtigen. Es ist nicht die mangelnde politische Kompetenz von Kindern, die gegen ihre politische Beteiligung spricht, es sind die speziellen Interessen der Kinder selbst.

In folgendem Sinne ist Bagattinis Argumentation als paternalistisch zu charakterisieren: Die Rechte der Kinder werden beschnitten, um ihr Wohl zu fördern. Dabei muss definiert werden, worin ihr Wohl besteht. Nach Bagattini ist es gut für Kinder, ein Leben zu führen, in dem sie sich nicht mit sozialen und politischen Problemen befassen müssen und frei sind von ökonomischen Sachzwängen. Hier könnte man einwenden, dass man es – gerade wenn es um ältere Kinder und Jugendliche geht – den Betroffenen selbst überlassen sollte zu entscheiden, ob politischen Beteiligung mit ihrem Wohlergehen vereinbar ist. Dies will Bagattini ausschließen: Offenbar ist er der Auffassung, dass man selbst 14-Jährige nicht vor eine solche Entscheidung stellen sollte. Versucht man dies zu begründen, so stößt man letztlich wohl auf das Kriterium der Kompetenz: Jugendliche sind nicht kompetent zu entscheiden, ob die Ausübung des Wahlrechts ihrem Wohl dient. Deshalb sollte man ihnen diese Entscheidung abnehmen und sie von diesem Recht ausschließen.

Bagattini selbst betont, seine Argumentation gegen das Kinderwahlrecht nehme nicht auf das Kompetenzkriterium Bezug. Wie soeben deutlich wurde, kommt dieses aber durch die Hintertür wieder herein, wenn es darum geht, die paternalistische Haltung gegenüber Kindern zu begründen.

Abgesehen davon möchte ich das romantisierende Bild der sorglosen Kindheit infrage stellen, auf dem diese Argumentation gründet. In beschreibender Perspektive kann angemerkt werden, dass Kindheit in vielen Fällen nicht sorglos *ist:* Kinder leiden unter persönlichen und familiären Problemen und sind von Krankheit und Tod betroffen. Ihr Wohl wird durch gesellschaftliche und politische Entwicklungen beeinträchtigt.

Nun behaupten die Verfechter von speziellen Gütern der Kindheit allerdings nicht, dass alle Kinder sorglos sind, sondern dass es gut für sie ist, sorglos zu sein. Würde man dies konsequent umsetzen, müsste man alles daransetzen, Kinder von sozialen und politischen Problemen zu isolieren: Dies würde nicht nur für Familien gelten, sondern insbesondere für die Schule, und nicht nur für kleine Kinder, sondern auch für Schülerinnen und Schüler an Gymnasien und Berufsschulen. Demgegenüber wird es meist als angemessen betrachtet, mit 14-Jährigen über den Klimawandel oder die Flüchtlingskrise zu diskutieren. Dies scheint nicht zuletzt angebracht, um sie auf ihre (spätere) Rolle im politischen Prozess vorzubereiten: Es wäre problematisch, wenn jemand mit 18 Jahren erstmals über die Probleme in der Welt informiert würde.

Auch wenn Jugendliche das Wahlrecht nicht haben, so kann man also argumentieren, sollten sie nicht davor bewahrt werden, sich mit drängenden gesellschaftlichen Fragen zu befassen. Wenn sich aber Jugendliche ohnehin auf diese Fragen einlassen sollten, scheint es wenig plausibel anzunehmen, dass ihr politisches Mitbestimmungsrecht sie in ihrem Wohl beeinträchtigt. Man könnte sogar annehmen, dass sie das Wissen um problematische soziale oder politische Entwicklungen mehr belastet, wenn sie keine Möglichkeit haben, politisch etwas daran zu ändern. Bagattinis Argument gegen ein Kinderwahlrecht kann auf dieser Grundlage zurückgewiesen werden.

## 2.2 Kindheit: Biologischer Zustand und soziale Konstruktion

In der neueren erziehungswissenschaftlichen und kindheitssoziologischen Diskussion ist es ein Gemeinplatz, Kindheit als ‚soziale Konstruktion' zu sehen (James und Prout 1997; Qvortrup 2005; Alanen 2005). Die Diskussion um Kindheit als soziale Konstruktion geht zurück auf die Forschungen des französischen Historikers Philippe Ariès (1975), der die These aufstellte, Kindheit sei ein spezifisches modernes Phänomen: Im Mittelalter etwa sei Kindheit nicht als eigene Lebensphase gesehen worden. Kinder seien als ‚kleine Erwachsene' stärker in die Sphäre der Erwachsenen integriert gewesen als in späteren Zeiten. Daraus wird geschlossen, dass Kindheit kein natürliches und universales, sondern ein kulturell und sozial hervorgebrachtes Phänomen ist. Dieser Grundgedanke, kann in Entsprechung zur Unterscheidung in ‚Sex' (biologisches Geschlecht) und ‚Gender' (soziales Geschlecht) verstanden werden: Es wird gesagt, Personen verfügten zwar über bestimmte biologische Geschlechtsmerkmale, diese würden aber nicht vorgeben, welche persönlichen Eigenschaften sie entwickeln und welche soziale Rolle sie übernehmen *können* oder *sollen.* Biologische Merkmale setzen den individuellen Lebensmöglichkeiten zwar gewisse Grenzen – so können biologisch männliche Personen keine Kinder gebären. Jedoch können Personen unterschiedlichen Geschlechts z. B. die Fähigkeiten entwickeln, die nötig sind, um

Kinder zu betreuen. Ebenso ist es für Personen jeglichen Geschlechts möglich, Eigenschaften auszubilden, die sie zu Führungsaufgaben im politischen und ökonomischen Bereich befähigen. Darüber hinaus bestimmt die biologische Natur von Personen nicht, wie sie leben sollten: Biologisch weibliche Personen verfehlen nicht ihre ‚wahre Natur', wenn sie sich nicht mit der Rolle als Hausfrau und Mutter zufriedengeben wollen. In ähnlicher Weise könnte man – bezogen auf Kinder – die biologischen Bedingungen der ersten Lebensphase von der sozialen Konzeption von Kindheit unterscheiden: Es ist einerseits unbestritten, dass Menschen in den ersten Lebensjahren biologisch bedingte Eigenheiten aufweisen, die sie von älteren Menschen unterscheiden. Andererseits aber kann diese Lebensphase sozial und kulturell unterschiedlich ausgestaltet werden.

Unter konstruktivistischem Vorzeichen können sowohl die defizitorientierte als auch die romantisierende Auffassung als soziale Konstruktionen kritisiert werden. Das Bild vom unvernünftigen – und in diesem Sinne defizitären – Kind beruht demnach auf sozialen Zuschreibungen, ebenso die Sichtweise vom Kind als verspielt und sorglos. Beide Konstruktionsweisen von Kindheit, so ließe sich weiter argumentieren, sind von den Machtinteressen der Erwachsenen geleitet, die die Kinder damit sozial marginalisieren, indem sie sie aus der Welt der Erwachsenen ausschließen (Lau 2012, 861).

Die These der sozialen Konstruiertheit von Kindheit kann auf zumindest drei Arten verstanden werden: Erstens kann sie sich auf sprachliche Unterscheidungen beziehen, zweitens auf die Eigenschaften von Personen selbst und drittens auf soziale Strukturen, innerhalb derer jemand die Rolle eines Kindes oder Erwachsenen übernimmt.

Sprachliche Praktiken, die Menschen in verschiedene Gruppen einteilen, orientieren sich teils an natürlichen

Merkmalen, aber es ist nicht von vornherein klar, welche Kategorien jeweils gebildet werden sollen. Geht es um die Bildung biologischer Geschlechtskategorien, so stellt man fest, dass nicht alle Individuen sich klar einer der beiden herkömmlichen Kategorien zuordnen lassen. Im Falle von Kindern und Erwachsenen ist ohnehin nicht offensichtlich, wo die Grenze gezogen werden sollte. Es bietet sich an, weitere Gruppen einzuführen – neben Säuglingen, Kleinkindern, Jugendlichen und jungen Erwachsenen könnten etwa auch ältere Personen als eigene Gruppe kategorisiert werden. Auch dann ist aber nicht unmittelbar klar, wie die verschiedenen Lebensphasen voneinander abgegrenzt werden müssten. Einen besonders deutlichen biologischen Einschnitt stellt etwa der Beginn der Pubertät dar. Zumindest in unserer Kultur jedoch ist der Übergang ins Erwachsenenalter nicht direkt an die Pubertätsentwicklung gekoppelt: Wer sekundäre Geschlechtsmerkmale ausgebildet hat und fortpflanzungsfähig ist, gilt damit noch nicht als erwachsen. Interessant ist hier auch, dass das Einsetzen dieser Veränderungen nicht ausschließlich von biologischen Faktoren abzuhängen scheint, sondern auch von sozialen Bedingungen: Jedenfalls tritt die Pubertät heute statistisch gesehen früher ein als in früheren Zeiten.

Allenfalls könnte man in diesem Zusammenhang auf die Entwicklung des Gehirns verweisen, die mit den Veränderungen der Pubertät einhergeht: Die Adoleszenz wird in der neurobiologischen Forschung sowohl von der Kindheit als auch vom Erwachsenenalter unterschieden. Demnach haben Jugendliche bereits ein voll entwickeltes limbisches System, das sie offen für Neues macht und ihre Bereitschaft, Risiken einzugehen, im Vergleich zu Kindern steigert. Gleichzeitig ist der frontale Kortex, der die Impulskontrolle ermöglicht, erst mit ungefähr 25 Jahren voll ausgereift (Casey et al. 2008; Giedd et al. 1999). Dies erklärt, warum manche Jugendliche zu unüberlegtem und riskantem Verhalten neigen. Allerdings zeigt die Erfahrung auch, dass viele Personen unter 25 – oder auch unter 18 – durchaus fähig sind, vernünftig und verantwortungsvoll zu leben. Es ist sinnvoll, das Verhalten Jugendlicher in bestimmten Situationen – z. B. in einer Gruppe, die nachts durch die Stadt zieht – von ihrer grundsätzlichen Fähigkeit zu vernünftigem Überlegen zu unterscheiden. Es wurde festgestellt, dass Jugendliche durchaus kompetent entscheiden, wenn sie in Ruhe nachdenken können und nicht unter unmittelbarem Handlungsdruck stehen (Steinberg 2013; Hamilton 2012).

Diese Ausführungen beziehen sich auf die sprachliche Kategorisierung von Lebensphasen, werfen aber zugleich auch die Frage auf, inwiefern die Eigenschaften, die Personen zu einem bestimmten Zeitpunkt ihres Lebens haben, ‚naturgegeben' sind und inwiefern sie auf soziale Faktoren zurückgeführt werden können.

Die Idee der sozialen Konstruktion kann nicht nur auf sprachlich verankerte Einteilungen der Phänomene in der Welt bezogen werden, sondern auch auf Veränderungen in der Welt selbst (Haslanger 2012a und b): So könnte man sagen, dass die Art und Weise, wie Personen behandelt werden, ihre Entwicklung und ihr Verhalten beeinflusst. Wird beispielsweise von (biologisch) weiblichen Kindern erwartet, fürsorglich und emotional zu sein, so trägt dies dazu bei, dass sie die entsprechenden Eigenschaften entwickeln. In analoger Weise könnte man davon ausgehen, dass junge Personen bestimmte Eigenschaften ausbilden oder nicht ausbilden, weil sie ‚als Kinder' (oder ‚wie Kinder') behandelt werden. Dies lässt sich sowohl auf die defizitorientierte als auch auf die romantisierende Auffassung von Kindheit beziehen: So steht zu vermuten, dass Kinder – wenn sie als kreativ und verspielt behandelt werden – sich stärker mit entsprechenden Tätigkeiten befassen und die dafür nötigen Einstellungen und Fähigkeiten ausbilden. Selbst wenn man annimmt, dass Kinder ‚von Natur aus' zum Spielen neigen, könnten kulturelle Vorstellungen von kindlicher Verspieltheit beeinflussen, wie stark und in welcher Weise sich ihre spielerischen Neigungen entwickeln.

Umgekehrt könnte die Entwicklung von Kindern beeinträchtigt werden, wenn sie als defizitäre Personen angesehen werden – als nicht vernünftig, nicht kompetent oder nicht verantwortungsbewusst. Demnach wären z. B. die typischen Verhaltensweisen Adoleszenter *nicht ausschließlich* biologisch bedingt, sondern auch auf kulturelle Muster zurückzuführen, die die Erwartungen gegenüber Angehörigen dieser Altersgruppe prägen. Es mag sein, dass Jugendliche über eine verminderte Fähigkeit zur Impulskontrolle verfügen, wie sich dies im Einzelnen auswirkt, hängt aber womöglich auch von ihren sozialen Lebensbedingungen und von kulturellen Bildern von Adoleszenz ab.

Vor diesem Hintergrund könnte man vermuten, dass die politisch relevanten Fähigkeiten und Einstellungen von Jugendlichen ein Stück weit ‚sozial konstruiert' sind. Würde man Kinder und Jugendliche als kompetent und verantwortungsbewusst einstufen und ihnen wichtige gesellschaftliche Aufgaben übertragen, so würden sie sich womöglich anders verhalten, als sie dies heute oftmals tun. Auf dieser Grundlage kann man zugestehen, dass sich manche Jugendliche in unserer Gesellschaft häufig ‚unreif' aufführen, gleichzeitig aber davon ausgehen, dass sie unter anderen kulturellen Bedingungen kompetent und verantwortungsbewusst sein könnten. Genauso konnte man vor der Einführung des Frauenwahlrechts sicherlich viele Frauen finden, die von Politik nichts verstanden und sich nicht dafür interessierten. Daraus wurde abgeleitet, dass Frauen ‚von Natur aus' politisch inkompetent sind und deshalb nicht an politischen Geschäften beteiligt werden können. So wie dieser Schluss falsch war, so könnte man argumentieren, ist es falsch, aus der faktischen politischen Inkompetenz oder Unreife von Kindern oder Jugendlichen zu schließen, dass sie grundsätzlich unfähig sind, das Wahlrecht angemessen wahrzunehmen.

Es gibt eine dritte Art, in der Kindheit als sozial konstruiert zu sehen ist (Haslanger 2012a und b): Demnach definiert sich Kindsein durch die Position oder den Status, die bzw. den man in einer sozialen Struktur einnimmt. Dies lässt sich an folgenden Beispielen erläutern: Mieter sein bedeutet, in einer bestimmten sozialen Beziehung zu anderen Personen (Vermietern) zu stehen. Ein Mieter ist man nicht von Natur aus, sondern nur in einem gesellschaftlichen Rahmen, in dem es die Institution des Mietens gibt. Ebenso kann man Ehefrau oder Ehemann nur in kulturellen Kontexten sein, in denen eine Form der Ehe existiert. Analog kommt einem als Mann oder Frau eine soziale Rolle zu, die unabhängig vom jeweiligen sozialen Kontext nicht existiert und sich nicht unmittelbar aus den biologischen Eigenschaften von Personen begründen lässt. Auch Kindsein kann als sozialer Status verstanden werden: Dieser Status definiert sich zum einen in Abgrenzung zu Erwachsenen (oder ‚Volljährigen'), zum anderen aber auch in Beziehung zu Personen mit speziellen Fürsorge- und Erziehungsverpflichtungen, insbesondere den Eltern. Der Begriff des Kindes selbst ist doppeldeutig: Er bezieht sich zum einen auf Nicht-Erwachsene, wobei häufig noch weitere Unterscheidungen (wie die Unterscheidung zwischen Kindern und Jugendlichen) gemacht werden.

Zum anderen drückt der Begriff eine bestimmte Verwandtschaftsbeziehung aus. Man bleibt das Kind seiner Eltern, auch wenn man erwachsen ist. Der Status der Kindheit, wie er heute existiert, unterscheidet sich vom

Status von Erwachsenen unter anderem durch das Fehlen des Wahlrechts und ist zugleich durch eine spezielle Beziehung zu den Eltern charakterisiert, die sich mit dem Erreichen des Erwachsenen-Status verändert.

Sieht man Kindheit als (sozial konstruierten) Status, so ist klar, dass die genaue Ausprägung dieses Status nicht in Stein gemeißelt ist: Veränderungen sind möglich. Dies gilt auch für die Eigenschaften und Verhaltensweisen der betroffenen Individuen: Wie sich diese verhalten und welche Fähigkeiten sie entwickeln, dürfte nicht zuletzt davon abhängen, welche soziale Position sie innehaben.

## 2.3 Kindheit und Wahlrecht

Ausgehend von den Erwägungen in den letzten beiden Abschnitten möchte ich verschiedene Anmerkungen machen, die für die weiteren Überlegungen zum Kinderwahlrecht von Belang sind. Erstens kann der konstruktivistische Ansatz, wie gerade deutlich wurde, zur Kritik gängiger Arrangements verwendet werden, die Kinder vom Wahlrecht ausschließen. Insbesondere kann argumentiert werden, dass die Fähigkeiten, die (junge) Personen zu einem bestimmten Zeitpunkt haben oder nicht haben, von sozialen Konstruktionsprozessen abhängen. Wenn also Kinder politisch inkompetent oder verantwortungslos *sind*, könnte dies von der Art abhängen, wie sie behandelt werden. Zudem kann Kindheit (oder Jugend) als sozialer Status gesehen werden, der unterschiedliche Formen annehmen kann. Die heutigen Regelungen, die den Übergang vom Kindes-Status in den Erwachsenen-Status an das Erreichen des 18. Lebensjahrs binden, können so infrage gestellt werden.

Zweitens jedoch muss auf die Grenzen der konstruktivistischen Betrachtungsweise hingewiesen werden: Werden die defizitorientierte und die romantisierende Auffassung von Kindheit als soziale Konstruktionen charakterisiert, ändert dies nichts an der Tatsache, dass Personen in der ersten Lebensphase aufgrund ihres biologischen Entwicklungsstands gewisse Fähigkeiten noch nicht haben können und auf besondere Fürsorge, auf Schutz und Förderung angewiesen sind.

Vor diesem Hintergrund kann drittens argumentiert werden, dass Kindheit *als biologischer Zustand* es erforderlich macht, *einen sozialen Status* der Kindheit einzurichten, der den Bedürfnissen der Kinder gerecht werden und auch die Rolle oder den Status der für sie zuständigen Personen (vor allem der Eltern) festlegen soll. Dieser Status definiert insbesondere die Berechtigungen und Verpflichtungen der Beteiligten. Hieraus ergibt sich die ethische Frage, wie der Kindes-Status sowie der Übergang in den Erwachsenen-Status ausgestaltet werden soll. Mein Vorschlag ist, die Diskussion um das Kindeswahlrecht hier einzuordnen und als einen Aspekt der Debatte um angemessene Übergangsarrangements zu sehen.

Einerseits ist also die Einrichtung eines Kindes-Status aufgrund biologischer Tatsachen angezeigt, andererseits kann aus diesen Tatsachen nicht abgeleitet werden, zu welchem Zeitpunkt und auf welche Weise der Übergang in den Erwachsenen-Status bzw. den vollen politischen Status stattfinden soll. Im Weiteren vertrete ich die Auffassung, dass in diesem Übergang auch *der Akt der Status-Zuschreibung* eine Rolle spielen kann: Zu einem bestimmten Zeitpunkt wird Personen der Status politisch voll teilnahmefähiger Personen zugeschrieben, und es ist zu erwarten, dass gerade dadurch ihre politische Kompetenz und ihr Verantwortungsbewusstsein gefördert wird (s. Abschn. 3.6).

## Literatur

Alanen, Leena: Women's Studies/Childhood Studies. Parallels, Links and Perspectives. In: Jan Mason/Toby Fattore (Hg.): Children Taken Seriously in Theory, Policy and Practice. London/Philadelphia 2005, 31–45.

Ariès, Philippe: Geschichte der Kindheit. München 1975 (frz. 1960).

Bagattini, Alexander: Gibt es ein Kinderrecht auf die Teilnahme an politischen Wahlen? In: Jörg Tremmel/Markus Rutsche (Hg.): Politische Beteiligung junger Menschen. Grundlagen – Perspektiven – Fallstudien. Wiesbaden 2015, 165–184.

Brighouse, Harry/Swift, Adam: Family Values. The Ethics of Parent-Child-Relationships. Princeton 2014.

Casey B.J./Jones, Rebecca M./Hare, Todd A.: The Adolescent Brain. In: Annals of the New York Academy of Sciences 1124 (2008), 111–126.

Giedd, Jay N. et. al.: Brain Development During Childhood and Adolescence: A Longitudinal MRI study. In: Nature Neuroscience 2/10 (1999), 859–861.

Giesinger, Johannes: The Special Goods of Childhood: Lessons from Social Constructionism. In: Ethics and Education 12/2 (2017), 201–217.

Hamilton, Vivian E.: Democratic Inclusion, Cognitive Development, and the Age of Electoral Majority. In: Brooklyn Law Review 77/4 (2012), 1447–1513.

Haslanger, Sally: Ontology and Social Construction. In: Dies: Resisting Reality. Oxford 2012a, 83–112.

Haslanger, Sally: Social Construction: Myth and Reality. In: Dies.: Resisting Reality. Oxford 2012b, 183–218.

James, Allison/Prout, Alan: A New Paradigm for the Sociological Study of Childhood? Provenance, Promise and Problems. In: Dies. (Hg.): Constructing and Reconstructing Childhood. Contemporary Issues in the Sociological Study of Childhood. London 1997, 7–33.

Lau, Joanne C.: Two Arguments for Child Enfranchisement. In: Political Studies 60/4 (2012), 860–876.

Matthews, Gareth B.: Philosophie der Kindheit. Wenn Kinder weiter denken als Erwachsene. Weinheim/Berlin 1995.

Mcleod, Colin: Constructing Children's Rights. In: Johannes Drerup/Gunter Graf/Christoph Schickhardt (Hg.): Justice, Education and the Politics of Childhood: Challenges and Perspectives. Dordrecht 2016, 3–16.

Qvortrup, Jens: Varieties of Childhood. In: Ders. (Hg.): Studies in Modern Childhood. Society, Agency, Culture. Houndmills, Basingstoke 2005, 1–20.

Rousseau, Jean-Jacques: Emil oder über die Erziehung. Paderborn 1971 (frz. 1762).

Steinberg, Laurence: Does Recent Research on Adolescent Brain Development Inform the Mature Minor Doctrine? In: Journal of Medicine and Philosophy 38/3 (2013), 256–267.

# 3

# Kinder, Kinderrechte und das Wahlrecht

In der philosophischen Literatur wird die Frage gestellt, ob Kinder überhaupt Rechte haben können. Bejaht man diese Frage, so ist weiter zu diskutieren, welche dies sein sollten – und ob zu diesen das Recht zur Beteiligung an demokratischen Entscheidungen gehören sollte. Die Kinderrechtskonvention der Vereinten Nationen von 1989 definiert Kinder als Träger von Rechten, schreibt ihnen aber kein Wahlrecht zu (Unicef 2021).

Diese Konvention ist ein internationales Rechtsdokument, das die nationalen Rechtsordnungen derjenigen Staaten verändert, die die Erklärung ratifiziert haben. Die Kinderrechte werden auf diese Weise zu *legalen* Rechten, d. h. zu Rechten, die Personen im Rahmen einer bestehenden Rechtsordnung (also des sogenannten *positiven* – von Menschen gesetzten – Rechts) zugestanden werden. In der philosophischen Diskussion werden legale Rechte von *moralischen* Rechten unterschieden. Dabei handelt es sich um Rechte, die Personen zugeschrieben


J. Giesinger, *Wahlrecht – auch für Kinder?*, #philosophieorientiert, https://doi.org/10.1007/978-3-662-64699-1_3

werden, unabhängig davon, ob sie im positiven Recht vorgesehen sind. Dazu gehören etwa die Menschenrechte, die den Menschen gemäß verbreitetem Verständnis *als Menschen* zukommen. Demnach hat etwa jeder Mensch ein (moralisches) Recht auf Leben: Der Verweis auf ein solches Recht kann dazu dienen, bestehende Rechtsordnungen zu kritisieren oder zu rechtfertigen. Einerseits führt die philosophische Begründung eines moralischen Rechts auf Leben dazu, jene positiven Rechtsordnungen, die nicht allen ein solches Recht garantieren, als ungerecht zu sehen. Andererseits werden dadurch all jene Verfassungen moralisch gerechtfertigt, die über einen Katalog von Grundrechten verfügen, der ein Recht auf Leben enthält. Das Wahlrecht unterscheidet sich vom Recht auf Leben und anderen Menschenrechten dadurch, dass seine Ausübung an eine bestimmte politische Ordnung gebunden ist: Nur wenn eine funktionierende Demokratie vorhanden ist, kann man überhaupt an Wahlen teilnehmen. Das bedeutet aber nicht, dass das Wahlrecht keinen grundlegenden (oder ‚fundamentalen') Charakter hat (Kiesewetter 2009): So könnte man argumentieren, dass Personen unabhängig von der institutionellen Ordnung, in der sie leben, ein (moralisches) Recht haben, an der Gestaltung ihres weiteren Lebensumfelds mitzuwirken. Die nächste Frage ist dann, ob dies auch für Kinder gilt.

## 3.1 Kinder als Träger von Rechten

Es ist nicht selbstverständlich, Kinder als Personen mit eigenen Rechten zu sehen. Selbst in der neueren Philosophie werden sie teils als Eigentum der Eltern bezeichnet (Narveson 1988, 273; Steiner 1994, 244). Allerdings wird seit der Zeit der Aufklärung hauptsächlich die Auffassung vertreten, dass Kinder als moralisch eigenständige Individuen zu betrachten sind, die von ihren Eltern nicht nach eigenem Gutdünken behandelt werden dürfen (Locke 1977; Kant 1977).

Es ist eines, Kindern eine eigenständige moralische Stellung zuzuschreiben, etwas anderes, ihnen ‚Rechte' zuzuerkennen. Der Begriff der Rechte ist nicht nur im Rechtssystem verankert, sondern hat sich auch in der moralischen Alltagssprache eingebürgert. Es ist aber keine Selbstverständlichkeit, diesem Begriff eine zentrale Rolle im ethischen Denken zuzugestehen. Die Ethik Kants stellt etwa den Begriff der Pflicht in den Mittelpunkt und setzt damit bei der moralisch handelnden Person selbst an. Gemäß der utilitaristischen Ethik geht es darum, das Gesamtwohl zu fördern: Wir sollen demnach stets so handeln, dass es für alle zusammen am besten ist. Rechte hingegen sind individuelle Ansprüche, die nach gängigem Verständnis nicht ohne Weiteres verletzt werden dürfen, auch wenn dies dem Gesamtwohl dienen würde (Dworkin 1977).

Indem man Kindern Rechte zuschreibt, stattet man sie also mit individuellen Ansprüchen aus, die sie gegenüber anderen Personen – allenfalls gegenüber den eigenen Eltern – erheben können. Auf kindliche Rechte kann in der Rechtfertigung staatlicher Eingriffe in die Familie verwiesen werden: In diesem Sinne schwächt die Zuschreibung von Rechten an Kinder die Kontrolle von Eltern über ihre Kinder. Hieraus erklärt sich auch ein Teil der Opposition gegen Kinderrechte.

Unabhängig hiervon wird teils auch bezweifelt, dass sich der Begriff der Rechte sinnvoll auf Kinder anwenden lässt. Dies hat damit zu tun, dass dieser Begriff häufig eng mit Ideen wie Freiheit oder Selbstbestimmung verbunden wird. Nimmt man an, dass Kinder nicht selbstbestimmt leben können oder sollen, ergibt es demnach wenig Sinn, ihnen Rechte zuzuschreiben. In diesem Zusammenhang ist die rechtsphilosophische Debatte um die sogenannte *Willenstheorie der Rechte* zu erwähnen (Hart 1973; Ross 2013 und 2014; dazu auch Giesinger 2019). Diese Theorie besagt, dass jemand, der ein Recht auf etwas hat, zugleich die Berechtigung hat, dieses Recht einzufordern oder zu verwerfen. Es gehört demnach zum *Begriff* eines Rechts, dass man diese zusätzlichen Berechtigungen hat. Ein Beispiel: Nach gängiger Auffassung verfügen wir über ein Recht auf körperliche Unversehrtheit. Wenn wir zum Arzt gehen und dieser uns eine Spritze geben will, können wir durch unsere Einwilligung (punktuell) auf das Recht auf Unversehrtheit verzichten. Gibt der Arzt uns die Spritze ohne vorgängige Einwilligung, so verletzt er dieses Recht. Wenn wir jedoch zugestimmt haben, verhält er sich nicht moralisch falsch. Wir können also durch Zustimmung oder Ablehnung bestimmen, ob der Arzt seine Pflicht, unsere körperliche Unversehrtheit zu respektieren, nachkommen muss oder ob er uns eine Körperverletzung zufügen darf.

Es scheint sinnvoll und ohne weiteres möglich, Kindern ein (moralisches) Recht auf körperliche Unversehrtheit zuzusprechen. Wollen wir ihnen aber darüber hinaus die Berechtigung zugestehen, ihr Recht aufzugeben, beispielsweise in medizinischen Situationen? Es kommen aber auch andere Themen in den Blick: Gemeinhin wird angenommen, dass Kinder nicht berechtigt sind, in sexuelle Handlungen mit Erwachsenen einzuwilligen. Sie können also ihr Recht auf körperliche (oder sexuelle) Integrität in diesem Fall nicht aufgeben. Ebenso wenig können Kinder auf ihr Recht auf Bildung verzichten. Als Grund dafür wird zumeist angegeben, Kinder seien nicht kompetent oder vernünftig genug, um eine solche Entscheidung zu treffen. Dies verweist letztlich auf paternalistische Erwägungen: Kindern wird die

Berechtigung zum Verzicht auf ihre Rechte verwehrt, um sie vor selbstschädigendem Handeln zu bewahren.

Nehmen wir an, dass Kinder nicht beliebig auf ihre Rechte verzichten können sollten, so müssen wir vor dem Hintergrund der Willenstheorie zum Schluss kommen, dass Kinder keine Rechte haben können. Dies jedoch widerspricht nicht nur unseren alltäglichen moralischen Vorstellungen, sondern auch anerkannten Rechtsdokumenten wie der Kinderrechtskonvention. Als Alternative zur Willenstheorie hat sich die *Interessentheorie* der Rechte entwickelt (McCormick 1976). Gemäß dieser sind Rechte dadurch charakterisiert, dass sie grundlegende Interessen von Personen schützen. Das Recht auf körperliche Unversehrtheit bezieht sich folglich auf ein entsprechendes Interesse. Die Berechtigung, das Recht aufzugeben, ist gemäß dieser Theorie nicht wesentlich: Das Recht kann sich mit einer solchen Berechtigung verbinden, aber dies ist nicht zwingend. So kann man also sagen, dass Kinder ein Recht auf körperliche Unversehrtheit haben, nicht aber die Berechtigung, dieses aufzugeben.

Wenn Kinder Rechte haben können, bedeutet dies aber nicht, dass sie alle Rechte haben sollten, die Erwachsene haben. Häufig wird hier zwischen unterschiedlichen Interessen und entsprechend unterschiedlichen Rechten unterschieden. Die Rede ist zum einen von *Wohlfahrtsrechten,* die etwa das Interesse an körperlicher Unversehrtheit oder Bildung schützen, zum anderen von *Autonomierechten.* Zu letzteren gehört das Recht auf persönliche Selbstbestimmung und auch das Recht auf politische Beteiligung. Eine verbreitete Auffassung ist, dass Kinder keine vollen Autonomierechte haben können, jedoch mit Wohlfahrtsrechten, die sie schützen und in ihrer Entwicklung fördern, ausgestattet werden sollen (Brighouse 2002; Brennan 2002). Als Grund für die

Verweigerung von Autonomierechten wird wiederum meist die mangelnde Kompetenz oder Vernünftigkeit der Betroffenen angeben. Der damit vorgegebenen Linie folgt im Wesentlichen auch die Kinderrechtskonvention. Artikel 3 (Absatz 1) der Konvention legt den Fokus auf das Kindeswohl: „Bei allen Maßnahmen, die Kinder betreffen, gleichviel ob sie von öffentlichen oder privaten Einrichtungen der sozialen Fürsorge, Gerichten, Verwaltungsbehörden oder Gesetzgebungsorganen getroffen werden, ist das Wohl des Kindes ein Gesichtspunkt, der vorrangig zu berücksichtigen ist" (Unicef 2021).

Interessanterweise kommt in dieser Formulierung der Begriff der Rechte nicht vor – den Kindern wird kein *Recht* auf Förderung ihres Wohls zugeschrieben. Ein Recht auf Selbstbestimmung, das man dem Kindeswohlprinzip gegenüberstellen könnte, existiert in der Konvention nicht. Allerdings heißt es in Artikel 12: „Die Vertragsstaaten sichern dem Kind, das fähig ist, sich eine eigene Meinung zu bilden, das Recht zu, diese Meinung in allen das Kind berührenden Angelegenheiten frei zu äußern, und berücksichtigen die Meinung des Kindes angemessen und entsprechend seinem Alter und seiner Reife" (Unicef 2021). Kinder sollen sich „äußern" dürfen, und ihre Meinungen sind zu „berücksichtigen". Gemäß einer Unterscheidung von Harry Brighouse (2003) kommt den Meinungen der Kinder ‚konsultative', nicht aber ‚autoritative' Bedeutung zu: Die Kinder sollen ihre Meinung beratend einbringen können, aber nicht über Entscheidungsmacht verfügen. Artikel 12 der Kinderrechtskonvention bezieht sich primär auf Entscheidungen, die Kinder direkt betreffen, z. B. medizinische Entscheidungen oder Entscheidungen im familiären Umfeld. Würde man die Formulierung in diesem Artikel auf die politische Ebene beziehen, so ergäbe sich die Forderung, die politischen Meinungen der Kinder in demokratischen

Prozessen angemessen zu berücksichtigen, ihnen aber kein direktes Mitbestimmungsrecht zu gewähren.

Die Vorgaben der Kinderrechtskonvention heben sich von deutlich weitergehenden Forderungen ab, wie sie etwa in der Kinderrechtsbewegung der 1970er- und 1980er-Jahre laut wurden (Farson 1975; Holt 1978, Cohen 1980). John Holt forderte etwa in seinem Buch *Zum Teufel mit der Kindheit* (engl. *Escape from Childhood*), Kindern genau die gleichen Rechte zugänglich zu machen wie Erwachsenen. Holt scheint nicht der Auffassung zu sein, dass dies mit der Abschaffung des speziellen Status der Kindheit verknüpft sein sollte: Vielmehr sollen Personen, die sich in diesem Status befinden, von sich aus eines oder mehrere der Rechte beanspruchen können, die heute nur Erwachsenen zugänglich sind. Dazu gehört neben dem Wahlrecht das Recht, die Verantwortung für das eigene Leben zu übernehmen. Kinder sollen auch das Recht haben, einer bezahlten Arbeit nachzugehen und selbständig – oder mit Personen eigener Wahl – leben zu können. Sie sollen zudem über ihre (schulische) Bildung selbst entscheiden können.

Die Forderung nach gleichen Rechten lässt sich etwa damit begründen, dass alle Menschen – auch die Kinder – in einem grundlegenden moralischen Sinne gleich sind. Werden Kindern wichtige Rechte vorenthalten, widerspricht dies demnach dem Grundsatz der moralischen Gleichheit. Dem kann entgegengehalten werden, dass moralische Gleichheit eine Ungleichbehandlung von Personen zulässt, sofern dies durch *moralisch relevante* Unterschiede zwischen ihnen begründet ist. Werden Personen als moralisch gleich charakterisiert, so bedeutet dies, dass jede Ungleichbehandlung speziell gerechtfertigt werden muss.

Betrachtet man Personen unterschiedlichen Alters, so ist beispielsweise klar, dass sie sich in ihrer Fähigkeit,

Schmerzen zu empfinden, nicht grundlegend unterscheiden, und deshalb in diesem Bereich gleiche Rechte haben müssen. Es fragt sich, ob Kinder und Erwachsene sich in Bezug auf die für das Wahlrecht relevanten Eigenschaften unterscheiden.

Die Frage nach relevanten Unterschieden zwischen Kindern und Erwachsenen wird dadurch kompliziert, dass Kindheit zumindest ein Stück weit sozial konstruiert ist (s. Abschn. 2.2): Es scheint problematisch, auf dieser Basis eine Entscheidung über die Verweigerung des Wahlrechts zu treffen, weil die betreffenden Personen unter anderen Umständen andere Eigenschaften haben könnten.

Unabhängig davon stellen sich zwei weitere Probleme (dazu auch Beckman 2018): Erstens ist unklar, welche Eigenschaften oder Fähigkeiten jemand haben muss, um das Wahlrecht zu erhalten. Zweitens lässt sich vom Alter einer Person nicht unmittelbar auf ihr Fähigkeitsniveau schließen lässt: Ein 15-Jähriger kann politisch kompetenter sein als ein 25-Jähriger. Bekanntlich sind manche Erwachsene nicht besonders an Politik interessiert und entsprechend uninformiert, während viele Jugendliche sich bereits vor der Erlangung des Wahlrechts politisch engagieren und über entsprechendes Wissen verfügen.

## 3.2 Alter und Fähigkeiten

Betrachten wir zunächst das zweite dieser Probleme: Gleichaltrige Personen können sich in ihrem Entwicklungsstand stark unterscheiden. Aus diesem Grund können fixe Altersgrenzen für die Gewährung des Wahlrechts unfair scheinen: Manche Personen, die nicht politisch kompetent sind, erhalten dadurch das Wahlrecht, während andere, die durchaus über die nötigen

Kompetenzen verfügen, es nicht bekommen. Benjamin Kiesewetter (2009) hält in seiner Argumentation für ein Kinderwahlrecht fest, dass das Wahlrecht als ‚fundamentales' Recht zu gelten habe, das jedem Menschen zukomme, solange nicht ein ‚zwingender' Grund angegeben werden könne, der es rechtfertigt, Individuen oder ganze Gruppen von diesem Recht auszuschließen. Nicht nur das Alter selbst, auch statistische Erwägungen zur politischen Urteilsfähigkeit der Angehörigen bestimmter Altersgruppen stellen für Kiesewetter keinen zwingenden Grund dafür dar, jemanden nicht wählen zu lassen. Einem Individuum, das vom Wahlrecht ausgeschlossen ist, obwohl es nicht weniger kompetent ist als manche derer, die zur Wahl zugelassen sind, geschieht demnach moralisches Unrecht.

Weiter stellt sich das Problem, dass gar nicht klar ist, welche Eigenschaften, Fähigkeiten oder Kenntnisse nötig sind, um das Wahlrecht beanspruchen zu können. In Betracht kommen unter anderem: a) die Fähigkeit, in politischen Belangen zu einem kompetenten Urteil zu gelangen, b) Grundkenntnisse des politischen Systems, c) Wissen und Erfahrung in denjenigen Bereichen, auf die sich das politische Urteil bezieht, d) eigene persönliche und politische Werteinstellungen, die politische Überlegungen und Entscheidungen leiten können, e) moralische Grundeinstellungen, etwa ein Gerechtigkeitssinn, f) politisches Verantwortungsbewusstsein.

Jedes dieser Elemente verlangt nach einer genaueren inhaltlichen Bestimmung, zudem ist festzulegen, welches Niveau in der Entwicklung der jeweiligen Fähigkeit nötig ist, um das Wahlrecht zu erlangen. Man wird hier wohl von einer *Schwelle* in der Ausbildung dieser Eigenschaften ausgehen und annehmen, dass Kompetenzunterschiede oberhalb der Schwelle nicht relevant sind (Fowler 2014, 99). Das Problem bei all den genannten Eigenschaften ist, dass eine hoch angesetzte Schwelle manche derjenigen, die heute das Wahlrecht haben, davon auszuschließen droht. Setzt man die Schwelle so tief an, dass alle heute wahlberechtigten Erwachsenen sie erreichen können, wird man das Wahlrecht auch manchen älteren Kindern und Jugendlichen zuerkennen müssen.

So scheint es für einen 10- oder 12-Jährigen ohne weiteres möglich, über ein Grundverständnis dessen zu verfügen, was beim Wählen geschieht (b). Vertiefte Kenntnisse politischer Abläufe fehlen hingegen auch manchen Erwachsenen. Das Gleiche gilt für alle Arten politisch relevanten Sachwissens, das unter Erwachsenen sehr ungleich verteilt ist. Eine basale Form von Urteilsfähigkeit wird man ebenfalls bereits Jugendlichen zuschreiben können (Steinberg 2013; Hamilton 2012). Tak Wing Chan und Matthew Clayton (2006, 553) verweisen in ihrer Argumentation gegen eine Absenkung des Wahlalters auf die späte Ausbildung des Frontalkortex (s. Abschn. 2.2). Politische Entscheidungen müssen jedoch normalerweise nicht in emotional aufgeheizten Situationen gefällt werden, sondern können über einen längeren Zeitraum reifen. Deshalb könnte es gerechtfertigt sein, Jugendlichen das Wahlrecht zu gewähren, auch wenn ihre Fähigkeit zur Impulskontrolle noch zu wünschen übriglässt. Die amerikanische Rechtswissenschafterin Vivian Hamilton etwa spricht sich vor diesem Hintergrund für eine Senkung des Wahlrechtsalters auf 15 oder 16 Jahre aus, findet aber zugleich, Jugendliche sollten nicht Auto fahren dürfen: Beim Autofahren nämlich neigten sie zu unvorsichtigem und verantwortungslosem Verhalten, während sie beim Wählen ihre kognitiven Fähigkeiten zur Anwendung bringen könnten (Hamilton 2014). Dies könnte bedeuten, dass man gewisse Einschränkungen des Kindes- oder Jugend-Status über das zwanzigste Lebensjahr hinaus verlängert, ohne Jugendliche jedoch von politischer Mitsprache auszuschließen. Man könnte aber auch die Auffassung vertreten, dass eine basale Form der Urteilsfähigkeit nicht ausreicht, um sich politisch zu beteiligen. Nimmt man jedoch anspruchsvolle Fähigkeiten zur Selbstreflexion oder Argumentation in den Blick, drohen wiederum viele Erwachsene vom Wahlrecht ausgeschlossen zu werden.

Anstatt auf rationale Fähigkeiten oder Wissen zu fokussieren, könnte man denjenigen das Wahlrecht zugestehen, die über ‚eigene' Werthaltungen verfügen: Entscheidend ist demnach, sich mit seiner eigenen Stimme in den politischen Prozess einbringen zu können. Soll dieses Kriterium zur Abgrenzung von Kindern und Erwachsenen genutzt werden, könnte man der Idee folgen, wonach Erwachsene im Gegensatz zu Kindern über ein stabiles und kohärentes System von Wertvorstellungen verfügen, das ihr Handeln zu leiten vermag (Schapiro 1999). Man könnte auch sagen, dass Erwachsene über eine ausgereifte ‚praktische Identität' verfügen (Korsgaard 1996), d. h. ein klares Verständnis davon, wer sie sind und sein wollen. Dies würde bedeuten, dass einer Person jene Einstellungen als ‚ihre eigenen' zugeschrieben würden, die sinnvoll in das Ganze ihrer praktischen Identität eingebettet sind.

Das Problem dieser Sichtweise liegt darin, dass wohl nicht alle – und vielleicht nicht viele – Erwachsene über ein ausgereiftes und zusammenhängendes System politischer oder persönlicher Werte verfügen. Es ist auch gar nicht klar, wie man überprüfen könnte, wer diese Bedingung erfüllt und wer nicht. Darüber hinaus überzeugt die Auffassung, wonach Personen unter 18 Jahren keine ‚eigenen' Einstellungen haben, nicht. Es mag sein, dass viele Kinder und Jugendliche keine stabile praktische Identität haben. Nichtsdestotrotz verfügen sie über Einstellungen, die ausdrücken, was für sie wichtig oder wertvoll ist, seien es Personen, Tätigkeiten oder Dinge (Jaworska 2007; Mullin 2014).

Dabei ist klar, dass Kinder Werte aus ihrem sozialen Umfeld übernehmen. Dies tun aber auch Erwachsene: Will man überhaupt davon ausgehen, dass Personen ‚eigene' Wertvorstellungen haben können, muss man annehmen, dass man sich diese ‚zu eigen' machen kann, indem man sich mit ihnen identifiziert und sie in sein eigenes Wertesystem integriert. Dennoch gibt es auch Formen von erzieherischer Manipulation oder Indoktrination, die darauf zielen, Heranwachsenden bestimmte Einstellungen aufzudrängen oder aufzuzwingen. Die so erworbenen Einstellungen wird man einer Person kaum als ‚ihre eigenen' zuschreiben können. Selbst unter autoritären pädagogischen Bedingungen ist es jedoch bestimmten Individuen möglich, ihre eigene Perspektive zu entwickeln und sich von den Werthaltungen ihres Umfelds abzugrenzen. In jedem Fall können sich die politischen Einstellungen von Kindern und Jugendlichen wesentlich von den Auffassungen ihrer Eltern unterscheiden. So gesehen wäre es vermessen, ihnen pauschal die Fähigkeit abzusprechen, eigene politische Einstellungen zu haben oder zu entwickeln.

Zu den Werthaltungen, um die es hier geht, gehören auch politische Gerechtigkeitsvorstellungen: Von den inhaltlichen Auffassungen davon, was gerecht ist, kann ein grundlegender ‚Gerechtigkeitssinn' unterschieden werden, der Personen überhaupt dazu befähigt, etwas als ungerecht zu empfinden. Man könnte davon ausgehen, dass Personen, um zur Wahl zugelassen zu werden, diese basale moralische Fähigkeit haben müssen. Die klassische Moralpsychologie von Jean Piaget (1973) und Lawrence Kohlberg (1996) ging davon aus, dass kleine Kinder noch weitgehend egoistisch denken und argumentieren und sich höherstufige moralische Fähigkeiten erst relativ spät entwickeln. Demgegenüber kommen neuere Forschungen zum Schluss, dass zwar Drei- oder Vierjährige tatsächlich nur ihren eigenen Nutzen im Blick haben, Sieben- oder Achtjährige hingegen bereits von Fairnesseinstellungen geleitet sind (Fehr et al. 2008). Dies könnte zur Auffassung führen, dass Kinder bereits mit 10 oder 12 Jahren das Wahlrecht haben sollten (López-Guerra 2014, 81). Würde man dieses Recht hingegen vom Erreichen der höchsten Stufe in Kohlbergs moralischer Stufentheorie – der ‚postkonventionellen' Stufe – abhängig machen, blieben wohl viele Erwachsene davon ausgeschlossen.

Betrachten wir abschließend das Kriterium der Verantwortungsfähigkeit, das von Christoph Schickhardt vorgeschlagen wird: „Die politischen Entscheidungen eines jeden Wählers und der Wählerschaft insgesamt sollten Gegenstand von Verantwortungszuschreibung und moralischer Bewertung, von Lob und Tadel, Verdienst und Schuld sein können" (Schickhardt 2015, 220).

Es leuchtet ein, dass Personen, die sich politisch beteiligen, ‚Verantwortung übernehmen' müssen. Allerdings ist die Verbindung zwischen politischen Rechten und moralischer Verantwortungsübernahme nicht unmittelbar klar: Bei der Zuschreibung des Wahlrechts geht es nicht darum, Leute für ihr Verhalten zu tadeln oder zu loben – es geht um gute Entscheidungen, also letztlich doch wieder um Kompetenz. Verantwortung zu übernehmen könnte in diesem Kontext heißen, sich dafür zuständig oder dazu verpflichtet zu fühlen, Entscheidungen zu treffen, die für das demokratische Gemeinwesen gut sind. Folgt man diesem Verständnis, so stehen hier nicht moralische Verantwortungszuschreibungen zur Diskussion, sondern mögliche Verpflichtungen, die man als Bürger und Bürgerin zu übernehmen hat. Es ist klar, dass einem diese Verpflichtungen nur aufgebürdet werden sollten, wenn man fähig ist, sie zu erfüllen. Was dies im Einzelnen bedeutet, ist wiederum schwierig zu klären. Zudem mag man es als sinnvoll erachten, Kinder und Jugendliche bestimmte Verantwortlichkeiten noch nicht zu übertragen, auch wenn sie schon fähig wären, sie zu übernehmen.

Schickhardt vertritt das Kriterium der Verantwortungsfähigkeit und bringt zudem die Idee auf, dass die Übernahme der Verantwortung durch einen sozialen Akt der Verantwortungszuschreibung geschehen solle, für die die Fähigkeiten der Person nicht allein entscheidend seien (Schickhardt 2015, 221). Wie angedeutet (s. Abschn. 2.3), vertrete ich analog dazu die Auffassung, wonach das Wahlrecht in einem Akt der Status-Übertragung erworben wird (s. Abschn. 3.6).

Zusammenfassend kann gesagt werden, dass es schwierig ist, diejenigen Fähigkeiten und das Fähigkeitsniveau zu bestimmen, die für die Gewährung des Wahlrechts relevant sind – zumal es keinen klaren Zusammenhang zwischen Alter und Fähigkeiten gibt. Dieses Problem ließe sich allenfalls mit der Einführung von Kompetenztests lösen, die den jeweiligen Entwicklungsstand von Personen erfassen (s. Abschn. 3.3). Ein radikaler Lösungsansatz besteht darin, das Wahlrecht ganz vom Kriterium der Kompetenz abzulösen und beispielsweise die persönliche Interessenbekundung für entscheidend zu erklären (s. Abschn. 3.4).

## 3.3 Kompetenztests

Kompetenztests erlauben es, das Fähigkeitsniveau von Personen individuell zu bestimmen und die Berechtigung zur politischen Beteiligung vom Alterskriterium abzukoppeln (Munn 2012; Cook 2013; Brennan 2017, 261).

Ein grundlegendes Problem für ein derartiges Arrangement ist, dass dazu präzise bestimmt werden müsste, welche Fähigkeiten für das Wahlrecht relevant sind, und welches Niveau in der Entwicklung dieser Fähigkeiten dafür nötig ist (s. Abschn. 3.2). Je nachdem, wie die Schwelle gelegt würde, hätten manche 10-Jährige Zugang zum Wahlrecht, manche 25-Jährige wären aber davon ausgeschlossen. Konsequenterweise müsste man nämlich verlangen, dass alle Personen ungeachtet ihres Alters den Test bestehen müssten, um wählen zu dürfen. Dies hätte zur Folge, dass manche gar nie zur Wahl zugelassen würden. Selbstverständlich wäre es auch möglich, Kompetenztests mit Altersgrenzen zu kombinieren, und Personen ab einem bestimmten Alter das Wahlrecht unabhängig von ihrer Kompetenz zu übertragen (Munn 2012). So könnte die politische Marginalisierung weniger intelligenter oder gebildeter Erwachsener verhindert werden, es ist aber schwer zu begründen, warum jüngere Personen verpflichtet werden sollten, ihre politische Kompetenz auszuweisen, ältere aber nicht.

Jason Brennan (2017) plädiert denn auch dafür, inkompetente Erwachsene von vollen politischen Rechten auszuschließen. Ähnlich scheint Philip Cook zu denken: Er arbeitet jedoch mit einem sehr tiefen Standard: Den Test besteht man, wenn man schreiben und lesen kann sowie fähig ist, das Wahlprozedere selbständig durchzuführen (Cook 2013, 451). Damit würde wohl faktisch die Tür zu einem Kinderwahlrecht geöffnet – viele ältere Kinder und Jugendliche würden einen solchen Test problemlos bestehen.

Ein weiteres Problemfeld ergibt sich daraus, dass Kompetenztests zwar die Benachteiligung von Personen aufgrund ihres Alters verhindern, zugleich aber anderen Formen von Benachteiligung und Ungleichheit Vorschub leisten können. *Zum einen* werden Kompetenztests den

Zugang zum Wahlrecht womöglich von Faktoren wie der sozialen und kulturellen Herkunft oder dem Bildungsstand abhängig machen. Es besteht die Gefahr, dass ein Kompetenztest bestimmte soziale Gruppen von vornherein benachteiligen würde, weil er auf die kulturellen Voraussetzungen derer abgestimmt wäre, die in der Gesellschaft den Ton angeben (Archard 1993, 64; Anderson und Claassen 2012, 502). Auch wenn man einen fairen Test ausarbeiten könnte, wäre vorauszusehen, dass Personen aus weniger wohlhabenden oder weniger gebildeten Schichten sich mit geringerer Wahrscheinlichkeit dafür anmelden und den Test wohl auch weniger häufig bestehen würden als Kinder und Jugendliche aus privilegierten Verhältnissen (Anderson und Claassen 2012, 515; Schrag 1975, 454). Bekanntlich sind Kinder aus unteren sozialen Schichten im Schulsystem benachteiligt: Viele von ihnen verfehlen am Ende der obligatorischen Schulzeit basale Bildungsziele. Ungenügende Fähigkeiten im sinnverstehenden Lesen würden sich beispielsweise auch in einem politischen Kompetenztest auswirken. Solche Tests könnten also dazu führen, dass soziale Ungerechtigkeit und damit verknüpfte Bildungsungerechtigkeit sich in politischer Ungleichheit niederschlagen würde.

*Zum anderen* schafft ein Kompetenztest Ungleichheiten unter den Angehörigen der gleichen Altersgruppe: So könnten in der Altersgruppe der 15-Jährigen einige das Wahlrecht haben, während andere noch jahrelang darauf warten müssten. Man könnte sagen, dass dies nichts als fair ist, da die einen sich als kompetent erwiesen haben und die anderen nicht. Teils wird aber zu bedenken gegeben, dass es das Selbstwertgefühl Heranwachsender beschädigen könnte, wenn sie aufgrund schlechter Testresultate länger vom Wahlrecht ausgeschlossen wären als andere (Clayton 2006, 187). In eine ähnliche Richtung geht die Überlegung, wonach die Beziehungen unter

Kindern der gleichen Altersgruppe gestört werden könnten, wenn nicht alle gleichzeitig volle politische Rechte erlangen (Anderson und Claassen 2012, 515).

Meines Erachtens sind Überlegungen wie diese primär in Verbindung mit den Erwägungen zur sozialen Ungleichheit relevant: Innerhalb einer Altersgruppe könnten die sozial Privilegierten zusätzlich zu den Vorteilen, über die sie schon verfügen, privilegierten Zugang zu politischen Rechten erlangen. Damit ergeben sich aus meiner Sicht zwei Hauptargumente gegen Kompetenztests: Das erste ist, dass solche Tests bestehende soziale Ungerechtigkeiten in den Bereich der politischen Mitbestimmung übertragen, das andere ist, dass es – wie im letzten Abschnitt dargelegt – kaum möglich scheint, eine überzeugende Konzeption derjenigen Fähigkeiten zu entwickeln, die für das Wahlrecht nötig sind.

## 3.4 Kompetenz und Interessenbekundung

In der Diskussion um das Kinderwahlrecht wird das Kompetenzkriterium bisweilen grundsätzlich infrage gestellt (Weimann 2002). Als Alternative zu diesem Kriterium und zu Kompetenztests wurde das Kriterium der individuellen Interessenbekundung ins Spiel gebracht. In der Version von Benjamin Kiesewetter lautet der Vorschlag, dass „jeder Mensch gleichberechtigt an allen Wahlen seines Landes teilnehmen darf, nachdem er sein Interesse an der Teilnahme einmalig bei einem Amt bekundet hat" (Kiesewetter 2009, 252; ähnlich Tremmel 2014, 70; Wall 2014).

Betrachten wir genauer, was es mit diesem Vorschlag auf sich hat: Man könnte sagen, dass Kinder das Recht zu wählen haben sollten, sobald sie es selbst beanspruchen. Kiesewetter hält zu Recht fest, dass der Akt der Beanspruchung schon deshalb relevant ist, weil so die Frage, ob es gerechtfertigt ist, jemanden vom Wahlrecht auszuschließen, ihre „praktische Relevanz" erhält: „Hier beginnt die Beweislast desjenigen, der die Ausübung dieses Rechtes an stärkere Kriterien binden möchte" (Kiesewetter 2009, 273).

Dieser Vorschlag kann mit einem gängigen Verständnis dessen verknüpft werden, was es heißt, ein Recht zu haben: So beschreibt Joel Feinberg (1971) ein Recht als ‚gültigen Anspruch', den man erheben kann, und er betont, im Akt des Beanspruchens drücke sich die Selbstachtung oder Würde der Person aus. Aus Feinbergs Überlegungen lässt sich selbstverständlich nicht unmittelbar ableiten, dass jeder, der ein Recht beansprucht, dieses auch hat. Wer welche Rechte beanspruchen kann, muss eigens geklärt werden, und dabei können unterschiedliche Kriterien – darunter vielleicht auch Alters- oder Kompetenzkriterien – zum Tragen kommen.

So gesehen ist es problematisch, die kindliche Interessenbekundung als eigenständiges Kriterium zu sehen, das das Wahlrecht unabhängig von anderen Erwägungen begründen kann. Man könnte vermuten, dass dieses Kriterium zumindest implizit auf das Kompetenzkriterium verweist. Es ist anzunehmen, dass Personen, die das Wahlrecht beanspruchen, über eine minimale Form politischer Kompetenz oder politischen Wissens verfügen. Um sein Interesse am Wählen zu bekunden, muss man etwa wissen, dass es überhaupt Wahlen gibt und welche Art von Entscheidungen bei Wahlen getroffen werden. In diesem Sinne ist die Interessenbekundung als Indikator für Kompetenz zu sehen (Wall 2014, 114).

Darüber hinaus könnte der Akt der Interessenbekundung selbst so ausgestaltet werden, dass dafür minimale Kompetenzen nötig sind. Hubertus Buchstein (2017) verweist in diesem Kontext darauf, dass im Ausland lebende Deutsche einen Antrag zur Ausübung des Wahlrechts stellen müssen. Analog dazu, so Buchstein, könnten Kinder beantragen, das Wahlrecht zugesprochen zu bekommen. Dazu müssten sie aber fähig sein, einen „vierseitigen Formularbogen von mittlerem Schwierigkeitsgrad" auszufüllen (Buchstein 2017, 235). Nach diesem Modell, das Buchstein selbst nicht verteidigt, sind für einen Antrag Kompetenzen erforderlich, die zumindest kleine Kinder nicht haben, darunter die Kompetenz zu schreiben und zu lesen. Geht man davon aus, dass dieses Formular von der am Wählen interessierten Person selbst auszufüllen ist, schließt das Verfahren alle Analphabetinnen und Analphabeten vom demokratischen Prozess aus. Von hier aus wäre es ein kleiner Schritt dazu, die Interessenbekundung mit einem eigentlichen Kompetenztest zu verbinden – dies führt zurück zu den bereits besprochenen Schwierigkeiten (s. Abschn. 3.3).

## 3.5 Rechte ohne Pflichten?

In der Diskussion um das Wahlrecht für Kinder wird teils das Argument vorgebracht, dass Kinder kein Wahlrecht haben sollen, weil sie noch nicht in der Lage sind, Pflichten zu übernehmen. Demnach gehören Rechte und Pflichten zusammen: Mit dem Eintritt in den Erwachsenen-Status, so die Idee, erwerben Individuen ein Bündel von Rechten und Pflichten, und es wäre unangemessen, ihnen vorzeitig nur den einen Teil dieses Bündels – die Rechte – zuzuschreiben.

Hierzu ist zunächst zu sagen, dass Kinder heute vielfältige Rechte zugeschrieben werden, unabhängig davon, ob sie entsprechende Pflichten übernehmen können. Dazu gehören das Recht auf Leben oder – gemäß der Kinderrechtskonvention – das Recht, in den sie betreffenden Angelegenheiten zumindest angehört zu werden. Darüber hinaus scheint es unangemessen zu sagen, dass Kinder keinerlei Verpflichtungen unterliegen oder unterliegen sollten. So müssen sie sich an die Regeln des Strafrechts halten und können für Verstöße belangt werden, schon bevor sie das Alter der Volljährigkeit erreichen. Zudem müssen sie zur Schule gehen, und sowohl dort als auch in der Familie können sie zur Erledigung unterschiedlicher Aufgaben verpflichtet werden. Kinder haben also Pflichten, genauso wie sie Rechte haben. Die Rechtfertigung kindlicher Rechte scheint grundsätzlich unabhängig von der Rechtfertigung der Pflichten.

Dennoch könnte es sein, dass spezifische Rechte (wie das Wahlrecht) von spezifischen Pflichten abhängen: So könnte man annehmen, dass das Recht zur demokratischen Mitbestimmung davon abhängig gemacht werden sollte, dass Personen Verpflichtungen oder Verantwortlichkeiten im Gemeinwesen übernehmen. In der Schweiz wurde die Ablehnung des Frauenstimmrechts (vor 1971) teils damit begründet, dass Frauen nicht der Wehrpflicht unterworfen sind (Schweizerische Eidgenossenschaft 1957, 391). Hier steht zum einen der Begründungszusammenhang zwischen Wehrpflicht und Wahlrecht infrage, zum anderen kann man darauf hinweisen, dass die jeweils in einer Gesellschaft bestehenden sozialen Verpflichtungen (wie die Verpflichtung zum Militärdienst) selbst einer kritischen Betrachtung unterzogen werden können: Weder ist klar, dass Frauen keinen Militärdienst leisten sollten, noch ist die Wehrpflicht für Männer unantastbar. Möglicherweise könnte im Falle des

Militärdienstes ein umgekehrter Schluss gezogen werden: So scheint es problematisch, wenn Personen ins Militär eingezogen werden und allenfalls in den Krieg ziehen müssen, ohne ein demokratisches Mitbestimmungsrecht zu haben, das ihnen erlauben würde, gegen die Politik der eigenen Regierung vorzugehen.

Im Zusammenhang mit dem Kinderwahlrecht wird allerdings zumeist nicht auf die Wehrplicht verwiesen, sondern z. B. auf die Pflicht, Steuern zu bezahlen. Hier – wie beim Militärdienst – könnte man argumentieren, dass der Beitrag, den man für das Gemeinwohl leistet, die Berechtigung zur Mitbestimmung begründet. Diese Argumentationsweise wirkt wie eine Umkehrung des aus der amerikanischen Unabhängigkeitsbewegung bekannten Slogans ‚No taxation without representation' (‚Keine Besteuerung ohne politische Vertretung'). Der Slogan richtet sich dagegen, Personen von demokratischen Rechten auszuschließen, die sich an der Finanzierung öffentlicher Aufgaben beteiligen müssen: Wer zahlt, sollte auch mitreden können. Dies bedeutet nicht notwendigerweise, dass *nur* diejenigen mitwirken dürfen, die auch bezahlen.

Darüber hinaus ist zu bemerken, dass Kinder und Jugendliche, die eigenes Geld verdienen, in vielen Ländern nicht grundsätzlich von den Steuern befreit sind: Die meisten Minderjährigen zahlen faktisch keine (direkten) Steuern, müssten dies aber tun, wenn sie ökonomisch bessergestellt wären. Auch Erwachsene, die nicht über Einkommen oder Vermögen verfügen, zahlen keine Steuern, dürfen aber dennoch an Wahlen teilnehmen.

Die Idee, wonach die Steuerpflicht das Wahlrecht begründet, könnte als Fortführung des von Kant formulierten Gedankens gesehen werden, wonach ökonomische Selbständigkeit die Bedingung für die Gewährung des Wahlrechts ist (Kant 1977). Kant wollte mit diesem Kriterium nicht nur Frauen und Kinder, sondern auch Angehörige ärmerer Bevölkerungsschichten vom politischen Prozess ausschließen. Würde das Wahlrecht an das Entrichten von Steuern gekoppelt, hätte dies ebenfalls den Effekt, Personen mit geringem Einkommen politisch zu marginalisieren. Kinder mit eigenem Einkommen oder Vermögen müssten hingegen zu den Wahlen zugelassen werden.

Sollte das Wahlrecht an Pflichten gekoppelt werden, so könnte dies allenfalls auf Verantwortlichkeiten oder Verpflichtungen bezogen werden, die unmittelbar mit diesem Recht verbunden sind: Inwiefern das Wahlrecht mit einer Pflicht zu wählen verknüpft sein sollte, ist umstritten. Man könnte aber wohl sagen, dass das Recht zu wählen, so es genutzt wird, die moralische Pflicht mit sich bringt, das Recht angemessen zu nutzen. Dies bedeutet zumindest, die eigenen politischen Entscheidungen in informierter und überlegter Weise zu treffen sind. Deutlich weiter geht die Idee, wonach politische Entscheidungen auf die Förderung der Gerechtigkeit oder des Gesamtwohls ausgerichtet sein und nicht nur persönliche Interessen zum Ausdruck bringen sollten. In diesem Sinne könnte man Wählenden eine Verantwortung für das Gemeinwesen zuschreiben.

Folgt man dieser Sichtweise, so könnte man das Wahlrecht davon abhängig machen, ob Personen fähig und bereit sind, die entsprechenden Verantwortlichkeiten zu übernehmen. Dies führt zurück zur Frage, welche Eigenschaften oder Fähigkeiten jemand haben muss, um demokratische Verpflichtungen zu übernehmen. Gemäß diesem Gedankengang ist das Verfügen über die hierfür nötigen Fähigkeiten als Bedingung für die Gewährung voller politischer Rechte zu sehen. Wie bereits deutlich wurde (s. Abschn. 3.3), ist es schwierig, genauer zu bestimmen, welches Kompetenzniveau hierfür nötig ist.

## 3.6 Kindheit als sozialer Status und die Rechtfertigung von Altersgrenzen

Kindheit ist zum einen eine biologische Lebensphase, zum anderen ein sozial gestaltbarer Status. Auch wer ein Kinderwahlrecht verteidigt, wird anerkennen, dass zumindest kleine Kinder nicht fähig sind, das Wahlrecht selbständig auszuüben. Es gibt biologische Gründe, warum sie bestimmte Fähigkeiten noch nicht haben können. Folglich scheint es auch nicht sinnvoll, ihnen das Wahlrecht zuzugestehen: Wer wählen soll, muss dazu fähig sein.

Das heißt aber auch, dass man nicht darum herumkommt, ein Übergangsregime zu gestalten: Es muss geklärt werden, wie Kinder, die zunächst kein direktes Wahlrecht haben, dazu gelangen, ihre eigene Stimme abgeben zu können. Drei Möglichkeiten wurden erwähnt: Kompetenztests, die persönliche Interessenbekundung sowie eine feste Altersgrenze. In den vergangenen Abschnitten wurden die Schwierigkeiten der beiden ersten Modelle aufgezeigt: Das Kriterium der Interessenbekundung scheint nur plausibel, wenn es in irgendeiner Weise auf das Kompetenzkriterium bezogen wird. Kompetenztests wiederum sind mit vielfältigen Schwierigkeiten behaftet – ich habe zwei besonders hervorhoben: Kompetenztests setzen ein klar umrissenes Verständnis der relevanten Kompetenzen voraus, und gerade dies scheint schwierig zu erreichen. Zudem drohen Kompetenztests bestehende soziale Ungleichheiten in politische Ungleichheit umzumünzen.

Die Vertreter und Vertreterinnen dieser beiden Modelle werden das dritte Modell – feste Altersgrenzen – als unfair darstellen, weil es den individuellen Gegebenheiten nicht gerecht wird: Jemand, der (nach einem bestimmten Standard) kompetent ist, wird aufgrund seines Alters vom Wahlrecht ausgeschlossen, während eine andere Person, die weniger kompetent ist, allein deshalb wählen darf, weil sie älter ist. Die Frage ist, ob dieses Fairnessargument so gewichtig ist, dass es die Bedenken gegen die beiden anderen Modelle in den Hintergrund rückt. Meines Erachtens wäre dies der Fall, wenn Altersgrenzen eine ernsthafte Form moralischer Verletzung – etwa der moralischen Herabsetzung oder gar Entwürdigung – darstellen würden. Es kann jedoch infrage gestellt werden, dass dies so einzuschätzen ist. Erstens können Altersgrenzen mit Bezug auf ein grobes Kriterium von Kompetenz gerechtfertigt werden, d. h. der zentrale Grund für den Ausschluss jüngerer Personen vom Wahlrecht besteht darin, dass sie statistisch gesehen weniger kompetent sind. In dieser Rechtfertigung spielen herabsetzende Stereotypisierungen, wie sie etwa in der Diskussion um das Frauenwahlrecht vorkamen, keine Rolle. Es ist herabsetzend, Frauen generell als politisch inkompetent zu bezeichnen, weil es keine Grundlage dafür gibt, anzunehmen, dass Personen weiblichen Geschlechts nicht fähig sind, sich politisch angemessen zu beteiligen. Analoges kann in Bezug auf das Alter nicht gesagt werden, weil aufgrund biologischer Tatsachen davon auszugehen ist, dass sich politische Kompetenz mit den Jahren erst herausbildet.

Zweitens bieten Altersgrenzen ein transparentes und für alle Personen einer Altersgruppe gleiches Arrangement für den Status-Übergang. Das Arrangement ist transparent, insofern alle Betroffenen jederzeit wissen können, wann sie das Wahlrecht erlangen werden. Es entspricht einem Prinzip der Gleichheit, insofern es verhindert, dass Ungleichheiten der Intelligenz, der Bildung oder der sozialen Herkunft den politischen Status der

Person beeinflussen. Es könnte demgegenüber als herabsetzend gesehen werden, etwa aufgrund schlechter Schulbildung länger vom Wahlprozess ausgeschlossen zu werden als manche Gleichaltrige, weil man einen Kompetenztest nicht besteht. Ein System mit Kompetenztests kann dazu führen, dass bestehende soziale Ungleichheiten oder Ungerechtigkeiten – beispielsweise im Bildungsbereich – auf den politischen Bereich übergreifen: Wer ohnehin schon keinen angemessenen Zugang zu Bildung hat, wird damit zusätzlich noch politisch benachteiligt.

Mit diesen Überlegungen ist nicht geklärt, in welchem Alter – und durch welche Modalitäten – junge Personen das Wahlrecht erhalten sollten. Ich gehe davon aus, dass es nicht nur *eine* moralisch gerechtfertigte Art gibt, den Status-Übergang zu organisieren. So ist auch keineswegs klar, dass der Erwachsenen-Status in einem einzigen Schritt, in dem man persönlich und politisch selbständig wird, erlangt werden sollte. Im Übergang kann die Person neue Berechtigungen und Verpflichtungen in gestaffelter Weise übernehmen, wie dies bereits heute der Fall ist. So ist offen, ob Selbstbestimmungsrechte streng an politische Mitbestimmungsrechte zu koppeln sind: Es kann gerechtfertigt sein, Personen das Wahlrecht zu gewähren, bevor sie vollständig über ihr eigenes Leben bestimmen können. Auch die Gewährung persönlicher Selbstbestimmungsrechte selbst kann schrittweise und bereichsbezogen geschehen: Bereits heute können z. B. Personen in medizinischen Belangen selbst bestimmen, bevor sie volljährig sind. Dies gilt etwa auch in Bezug auf die Impfung gegen COVID-19. Analog könnte man das Wahlrechtsalter etwa in der lokalen Politik tiefer ansetzen als für Wahlen und Abstimmungen auf nationaler Ebene. Auch andere Lösungen sind möglich: So wurde vorgeschlagen, Kindern ab 12 Jahren Teilstimmen zuzugestehen. Gemäß dieser Idee hätten sie zunächst eine Siebtelstimme, die bis zum 18. Lebensjahr kontinuierlich zu einer ganzen Stimme ausgebaut würde (Rehfeld 2012, 143).

Fragt man sich, wie man die Altersgrenzen ansetzen soll, kann man sich von verschiedenen Erwägungen leiten lassen, die größtenteils bereits erwähnt wurden: Es gibt sowohl Gründe für einen frühen als auch für einen späten Übergang in den Status eines voll partizipationsberechtigten Staatsbürgers bzw. einer Staatsbürgerin. Für einen späten Übergang spricht, das die Teilnahme am demokratischen Prozess anspruchsvoll ist und es deshalb von Vorteil ist, über ein hohes Kompetenzniveau und umfassendes Wissen zu verfügen. Es ist nicht von der Hand zu weisen, dass 25-Jährige statistisch gesehen politisch reifer sind als zehn Jahre jüngere Jugendliche. 15-Jährige mögen über basale kognitive Fähigkeiten verfügen, die bei politischen Entscheidungen benötigt werden, aber ältere Personen haben nicht nur mehr Wissen und Erfahrung, sondern vielleicht auch gefestigte politische Wertvorstellungen. Hier wird also auf Kompetenz und ähnliche Eigenschaften verwiesen, die für politische Teilhabe relevant scheinen.

Ein weiterer Grund für einen späteren Übergang könnte darin liegen, dass junge Personen vor den Belastungen des politischen Prozesses verschont werden und die Möglichkeit haben sollen, sich kind- oder jugendspezifischen Tätigkeiten hinzugeben. Auch wenn man nicht wie Alexander Bagattini (s. Abschn. 3.1) von speziellen Gütern der Kindheit oder Jugend sprechen will, könnte man anerkennen, dass es vielleicht sinnvoll ist, Personen die Verantwortlichkeiten und Verpflichtungen des Erwachsenenalters nicht zum frühestmöglichen Zeitpunkt zu übertragen. Kindliche Rechte können zwar unabhängig von allfälligen Pflichten gerechtfertigt werden (s. Abschn. 3.5), trotzdem ist klar, dass bei der Gestaltung des Status-Übergangs alle relevanten Berechtigungen und Verpflichtungen in den Blick genommen werden müssen.

Allerdings gibt es auch gute Gründe für einen frühen Übergang, der allenfalls bereits mit 12 oder 14 Jahren angesetzt werden könne. Wichtigster Grund ist, dass dadurch zusätzliche Bevölkerungsgruppen in den politischen Prozess einbezogen werden könnten und damit in direkter Weise demokratisch repräsentiert wären: Es spricht einiges dafür, solchen Erwägungen besonderes Gewicht einzuräumen und das Wahlalter entsprechend abzusenken. In diesem Zusammenhang sind auch die Überlegungen zu demokratischer Legitimität und Gerechtigkeit im dritten Kapitel zu beachten: Diese unterstützen die Forderung nach größtmöglicher demokratischer Inklusion.

Für einen frühen Übergang spricht darüber hinaus, dass die Übertragung politischer Rechte und Verantwortlichkeiten die Entwicklung von Jugendlichen befördern könnte: Werden sie ‚als Kinder' behandelt, d. h. als politisch inkompetent und verantwortungslos, so hat dies womöglich zur Folge, dass sie sich entsprechend verhalten und keine Verantwortung für das demokratische Ganze übernehmen. Werden sie hingegen bereits in jungem Alter zu vollwertigen Staatsbürgern und Staatsbürgerinnen erklärt, kann dies ihre demokratischen Einstellungen verändern und ihre Bereitschaft zur Übernahme von Verantwortung stärken. Zudem können sie durch die frühe Teilnahme am politischen Prozess ihre Fähigkeiten in diesem Bereich unter realen Bedingungen (weiter-)entwickeln. Die Gewährung des Wahlrechts wird damit zu einem Aspekt der politischen Bildung: Anstatt Heranwachsende zuerst zu bilden und sie dann erst politisch einzubinden, könnte beides miteinander verwoben werden.

Die Bestimmung der Altersgrenze für das Wahlrecht kann sich von solchen Erwägungen leiten lassen, die genaue Festlegung des Übergangszeitpunkts bleibt aber ein Stück weit willkürlich. Sieht man Kindheit und Erwachsenenalter als soziale Statusbegriffe, liegt es nahe, den Übergang von einem sozialen Akt der Zuschreibung abhängig zu machen, der sich zwar in grober Weise auf relevante Fähigkeiten bezieht, sich aber nicht unmittelbar aus ihnen begründet (Schickhardt 2015). Der Eintritt in den vollen politischen Status geschieht, indem der Person in einem bestimmten Alter die entsprechenden Berechtigungen und Verpflichtungen übertragen werden. Durch diese Übertragung wird ihr signalisiert, dass sie von nun an vollwertiges Mitglied der demokratischen Gemeinschaft ist, zugleich aber verpflichtet ist, ihre Rechte angemessen auszuüben.

## Literatur

Anderson, Joel/Claassen, Rutger: Sailing Alone. Teenage Autonomy and Regimes of Childhood. In: Law and Philosophy 31/5 (2012), 495–522.

Archard, David: Children. Rights and Childhood. London 1993.

Beckman, Ludvig: Children and the Right to Vote. In: Anca Gheaus/Gideon Calder/Jurgen de Wispelaere (Hg.): The Routledge Handbook of the Philosophy of Childhood and Children. London/New York 2018, 384–394.

Brennan, Jason: Gegen Demokratie. Warum wir die Politik nicht den Unvernünftigen überlassen dürfen. Berlin 2017 (engl. 2016).

Brennan, Samantha: Children's Choices or Children's Interests: Which do their Rights Protect? In: David Archard/Colin Mcleod (Hg.): The Moral and Political Status of Children. Oxford 2002, 53–69.

Brighouse, Harry: How Should Children Be Heard? Arizona Law Review 45/3 (2003), 691–711.

Brighouse, Harry: What Rights (If Any) Do Children Have? In David Archard/Colin Mcleod (Hg.): The Moral and Political Status of Children. Oxford 2002, 31–52.

Buchstein, Hubertus: Zwei Reformvorschläge zur Absenkung des Wahlalters. Das Jugendwahlrecht und das (stellvertretend ausgeübte) Wahlrecht von Geburt an. In: Tobias Mörschel (Hg.): Wahlen und Demokratie. Reformoptionen des deutschen Wahlrechts. Baden-Baden 2016, 225–243.

Chan, Tak Wing/Clayton, Matthew: Should the Voting Age be Lowered to Sixteen? Normative and Empirical Considerations. In: Political Studies 54/3 (2006), 533–558.

Cohen, Howard. Equal Rights for Children. Totowa 1980.

Cook, Philip: Against a Minimum Voting Age. In: Critical Review of International Social and Political Philosophy 16/3 (2013), 439–458.

Dworkin, Ronald: Taking Rights Seriously. Cambridge Mass. 1977.

Farson, Richard. Menschenrechte für Kinder. Die letzte Minderheit. München 1975 (engl. 1974).

Fehr, Ernst/Bernhard, Helen/Rockenbach, Bettina: Egalitarianism in Young Children. In: Nature 454 (2008), 1079–1083.

Feinberg, Joel: The Nature and Value of Rights. In: The Journal of Value Inquiry 4/4 (1970), 243–260.

Fowler, Timothy: The Status of Child Citizens. In: Politics, Philosophy and Economics 13/1 (2014), 93–113.

Giesinger, Johannes: Children, Rights, and Powers. In: The International Journal of Children's Rights 27/2 (2019), 251–265.

Hamilton, Vivian E.: Democratic Inclusion, Cognitive Development, and the Age of Electoral Majority. In: Brooklyn Law Review 77/4 (2012), 1447–1513.

Hamilton, Vivian E.: Liberty Without Capacity: Why States Should Ban Adolescent Driving. In: Georgia Law Review 48/4 (2014), 1019–1084.

Hart, Herbert L. A: Bentham on Legal Rights. In: A.W. Brian Simpson (Hg.): Oxford Essays in Jurisprudence. Oxford 1973, 171–201.

Holt, John (1978). Zum Teufel mit der Kindheit. Paderborn 1978 (engl. 1974).

Jaworska, Agnieszka: Caring and Internality. In: Philosophy and Phenomenological Research 74/3 (2007), 529–568.

Kant, Immanuel: Metaphysik der Sitten [1797]. In: Werkausgabe, Bd. 8. Frankfurt am Main 1977.

Kiesewetter, Benjamin: Dürfen wir Kindern das Wahlrecht vorenthalten? In: Archiv für Rechts- und Sozialphilosophie 95/2 (2009), 252–273,

Kohlberg, Lawrence: Die Psychologie der Moralentwicklung. Frankfurt am Main 1996.

Korsgaard, Christine: The Sources of Normativity. Cambridge 1996.

Locke, John: Zwei Abhandlungen über die Regierung. Frankfurt am Main 1977 (engl. 1689).

López-Guerra, Claudio: Democracy and Disenfranchisement: The Morality of Electoral Exclusions. Oxford 2014.

MacCormick, Neil: Children's Rights: A Test-Case for Theories of Rights. In: Archiv für Rechts- und Sozialphilosophie 62/3 (1976), 305–316.

Munn, Nicolas J.: Capacity Testing the Youth: A Proposal for Broader Enfranchisement. In: Journal of Youth Studies 15/8 (2012), 1048–1062.

Mullin, Amy: Children, Paternalism and the Development of Autonomy. In: Ethical Theory and Moral Practice 17/3 (2014), 413–426.

Narveson, Jan: The Libertarian Idea. Philadelphia 1988.

Piaget, Jean: Das moralische Urteil beim Kinde. Frankfurt am Main 1973 (frz. 1932).

Rehfeld, Andrew: The Child as a Democratic Citizen. In: The ANNALS of the American Academy of Political and Social Science 633/1 (2012), 141–166.

Ross, Hamish, Children's Rights – a Defence of Hartian Will Theory. In: The International Journal of Children's Rights 22/1 (2014), 43–67.

Ross, Hamish: Children's Rights and Theories of Rights. In: The International Journal of Children's Rights 21/4 (2013), 679–704.

Schapiro, Tamar: What Is a Child? In: Ethics 109/4 (1999), 715–738.

Schickhardt, Christoph (2015). Kinder im Wahlrecht und in Demokratien. Für eine elterliche Stellvertreterwahlpflicht. In: Zeitschrift für Praktische Philosophie 2/1 (2015), 191–248.

Schweizerische Eidgenossenschaft: 7338. Frauenstimmrecht. Einführung [1957]. In: https://www.parlament.ch/centers/documents/de/verhandlungen-7338-frauenstimmrecht-einfuehrung.pdf (20. 5.2021).

Schrag, Francis: The Child's Status in the Democratic State. In: Political Theory 3/4 (1975), 441–457.

Steiner, Hillel: An Essay on Rights. Cambridge 1994.

Steinberg, Laurence: Does Recent Research on Adolescent Brain Development Inform the Mature Minor Doctrine? In: Journal of Medicine and Philosophy 38/3 (2013), 256–267.

Tremmel, Jörg (2014). Demokratie oder Epistokratie? Politische Urteilsfähigkeit als Kriterium für das Wahlrecht. In: Klaus Hurrelmann/Tanjev Schultz (Hg.): Wahlrecht für Kinder? Politische Bildung und die Mobilisierung der Jugend. Weinheim/Basel 2014, 45–80.

Unicef: Konvention über die Rechte des Kindes [1989]. In: https://www.unicef.de/blob/194402/3828b8c72fa812917 1290d21f3de9c37/d0006-kinderkonvention-neu-data.pdf (21.5.2021).

Wall, John: Why Children and Youth Need the Right to Vote: An Argument for Proxy-Claim Suffrage. Chilren. In: Youth and Environments 24/1 (2014), 108–123.

Weimann, Mike: Wahlrecht für Kinder. Eine Streitschrift. Weinheim/Basel: Beltz 2002.

# 4

# Kinder, Wahlrecht und Demokratie

## 4.1 Demokratie, Legitimität und Gerechtigkeit

Vor dem Hintergrund der Überlegungen zur Idee der Kindheit (s. Kap. 1) und den Rechten von Kindern (s. Kap. 2) wende ich mich nun dem in diesem Kontext zentralen Begriff der Demokratie zu: Der Begriff selbst lässt vielfältige Ausdeutungen zu, bezieht sich aber im Kern auf die Idee, wonach die ‚Herrschaft' oder ‚Souveränität' im Staat vom ‚Volk' ausgeht oder ausgehen sollte. Demokratie als ‚Volkssouveränität' wird in modernen Staaten ergänzt durch ein System grundlegender Rechte, das auch diejenigen schützen soll, die entweder politisch nicht repräsentiert sind oder sich in einer Minderheitsposition befinden. Ein politisches System, das Grundrechte und Volkssouveränität vereint, kann man als ‚liberale Demokratie' bezeichnen:


J. Giesinger, *Wahlrecht – auch für Kinder?*, #philosophieorientiert, https://doi.org/10.1007/978-3-662-64699-1_4

Alle sollen die gleichen Grundrechte haben, die sie ungeachtet möglicher Auswirkungen auf das Gesamtwohl individuell schützen. Zu diesen Grundrechten gehören demokratische Beteiligungsrechte, die jeder Person das gleiche Gewicht im politischen Entscheidungsprozess einräumen sollen – ‚eine Person, eine Stimme'. Oftmals wird darüber hinaus angenommen, dass Demokratie nicht nur die gleiche Gewichtung individueller Stimmen erforderlich macht, sondern mit einer öffentlichen Kultur des argumentativen Austauschs verbunden sein sollte. Demokratie erschöpft sich demnach nicht darin, bei bestimmten Gelegenheiten individuell seine Stimme abzugeben, sondern erfordert zudem, seine eigenen Positionen gegenüber anderen rechtfertigen und sich mit möglichen Einwänden dagegen befassen zu können. Ein solches Ideal ‚deliberativer Demokratie' ist mit der Hoffnung verknüpft, dass die ‚Deliberation' – das gemeinsame Überlegen und Diskutieren – unter Staatsbürgerinnen und -bürgern zu vernünftigen Entscheidungen führt (Gutmann und Thompson 2004; Habermas 1992).

Im Weiteren möchte ich hauptsächlich zwei Diskussionsstränge verfolgen, die sich in diesem Zusammenhang ergeben. Der eine betrifft die *Legitimität* der staatlichen Ordnung, der andere die *Gerechtigkeit.* Folgt man John Rawls (1998; vgl. auch Pettit 2012, 132), bezieht sich der Begriff der Legitimität auf die Rechtfertigung staatlicher Machtausübung: Was legitimiert den Staat darin, politische Maßnahmen zu ergreifen, Regeln festzusetzen und seine Bürger und Bürgerinnen in ihrem Handeln zu leiten und zu beschränken? Eine verbreitete Annahme ist, dass politische Legitimität durch demokratische Praktiken und Prozesse gestiftet wird. Demnach kann staatliches Handeln nur legitim sein, wenn es in der einen oder anderen Weise in demokratischen Verfahren und Entscheidungen wurzelt (Peter 2009). Man könnte auch sagen, dass die Legitimierung politischen Handelns gerade der Witz der Demokratie ist: Staatsbürgerinnen und -bürger unterwerfen sich staatlichen Maßnahmen, weil sie den demokratischen Prozess, der diese hervorbringt, als legitim betrachten.

Erwägungen zur Gerechtigkeit betreffen demgegenüber die Frage, was Personen im Rahmen der sozialen Ordnung zusteht: Welche Freiheiten oder Chancen sollen sie haben, welche Güter müssen für sie bereitgestellt werden? Nach Rawls kann die staatliche Ordnung legitim sein, ohne zugleich gerecht zu sein – nicht aber umgekehrt. Eine Konzeption der Legitimität politischen Handelns setzt den Rahmen für unterschiedliche Konzeptionen von Gerechtigkeit, ohne eine bestimmte Gerechtigkeitsvorstellung vorauszusetzen. Zugleich ist klar, dass man bei der Ausformulierung einer Konzeption der Legitimität auf die gleichen Grundwerte Bezug nehmen wird wie in Erwägungen zur Gerechtigkeit, z. B. die Werte von Freiheit und Gleichheit. Gleiche Beteiligungsrechte können als Voraussetzung für legitime demokratische Prozesse gesehen werden, zugleich kann das Fehlen von Grundrechten selbst als Ungerechtigkeit eingestuft werden. Eine häufige Annahme ist, dass Demokratie eine gerechte soziale Ordnung befördert, weil alle die Möglichkeit haben, ihre Interessen in den demokratischen Prozess einzubringen.

Inwiefern ist dies für die Diskussion um das Kinderwahlrecht relevant? Ein wichtiges Argument für ein Wahlrecht für Kinder lautet, dass staatliches Handeln gegenüber Kindern *illegitim* ist, wenn Kinder kein demokratisches Mitspracherecht haben. Sie sind dann staatlicher Machtausübung ausgeliefert, ohne bei der Ausgestaltung politischer Maßnahmen mitreden zu können (s. Abschn. 4.2).

Ein zweites Argument ist, dass der Ausschluss der Kinder vom demokratischen Prozess zu *Ungerechtigkeiten* führt, insofern ihre Interessen unzureichend berücksichtigt werden. Sind Kinder politisch nicht repräsentiert, fehlt ihnen die Möglichkeit, sich für ihre Anliegen stark zu machen (s. Abschn. 4.4).

## 4.2 Demokratische Legitimität

Die politische Philosophie der Aufklärung prägte die Vorstellung, wonach alle Menschen als Gleiche zu betrachten sind. Das heißt, dass zwischen ihnen keine natürlichen oder gottgegebenen Hierarchien bestehen. Dies wirft die Frage auf, inwiefern (staatliche) Machtausübung dennoch gerechtfertigt (d. h. legitim) sein kann. Die Antworten, die hierauf gegeben werden, gehen zumeist davon aus, dass die Personen, über die geherrscht wird, in irgendeiner Weise an der Ausgestaltung der politischen Ordnung, der sie unterworfen sind, beteiligt sein müssen: Sie müssen staatlichen Arrangements zustimmen oder bei ihrer Entwicklung mitreden können. Die Grundidee, wonach die von politischen Maßnahmen Betroffenen an ihrer Ausarbeitung beteiligt werden sollen, führt nicht unmittelbar zur Demokratie: Man kann sich auch vorstellen, dass Personen einem grundlegenden ‚Gesellschaftsvertrag' zustimmen, der ihnen individuelle Rechte sichert, ohne dass damit weitergehende demokratische Beteiligungsmöglichkeiten verbunden sind (Locke 1977).

John Rawls ist zwar ein Anhänger der Demokratie, aber sein Prinzip liberaler Legitimität bezieht sich nicht auf demokratische Prozesse selbst, sondern auf die Grundlagen der liberalen Ordnung. Das Prinzip besagt, „dass unsere Ausübung politischer Macht nur dann völlig angemessen ist, wenn sie sich in Übereinstimmung mit einer Verfassung vollzieht, deren wesentliche Inhalte vernünftigerweise erwarten lassen, dass alle Bürger ihnen als freie und gleiche im Lichte von Grundsätzen und Idealen zustimmen, die von ihrer gemeinsamen menschlichen Vernunft anerkannt werden" (Rawls 1998, 223). Rawls spricht hier von der „gemeinsamen menschlichen Vernunft", die Bürgerinnen und Bürger dazu führt, gewisse grundlegende Prinzipien des Zusammenlebens anzuerkennen. Er bezieht sich in diesem Kontext auch auf die Idee des „öffentlichen Vernunftgebrauchs" (Rawls 1998, 313), bei dem persönliche weltanschauliche Auffassungen ausgeklammert bleiben sollen. Legitim ist politische Machtausübung nach Rawls, wenn sie auf Prinzipien beruht, die unabhängig von umstrittenen Werthaltungen verteidigt werden können und in diesem Sinne öffentlich rechtfertigbar sind.

Während man sich in grundlegenden Fragen des Zusammenlebens einen vernünftigen Konsens erhoffen kann, sind demokratische Entscheidungsprozesse gewöhnlich von politischen, ideologischen oder weltanschaulichen Kontroversen geprägt, die sich nicht ohne Weiteres konsensuell auflösen lassen. So gesehen legitimiert Demokratie politische Maßnahmen angesichts des fortbestehenden Dissenses. Dies geschieht unter anderem durch Mehrheitsentscheidungen, die von allen akzeptiert werden müssen.

Die legitimierende Kraft demokratischer Prozesse ist von der Beteiligung der Betroffenen abhängig: Warum sollte eine kollektive Entscheidung, an der ich nicht beteiligt war, für mich bindend sein? In diesem Fall werde ich von anderen – von einer Gruppe, zu der ich nicht gehöre – fremdbestimmt. Genau dies scheint Kindern zu geschehen, solange sie nicht über das Wahlrecht verfügen.

Man könnte demgegenüber die Auffassung vertreten, dass Kinder der staatlichen Machtausübung nicht direkt ausgesetzt sind und hier deshalb kein spezieller Legitimationsbedarf besteht. Allerdings sind Kinder und Jugendliche, wie bereits deutlich wurde, vielfältigen staatlichen Regelungen *unterworfen,* von der Schulpflicht bis zu strafrechtlichen Bestimmungen oder Verkehrsregeln. Sie sind zudem von vielen anderen Regelungen und Maßnahmen *betroffen,* insofern durch diese ihre Lebensbedingungen beeinflusst werden (Beckman 2014).

Die traditionelle Vorstellung ist, dass Kinder keinen eigenständigen politischen Status haben, sondern als Teil der Familie zu sehen sind: Es sind ihre Eltern, denen gegenüber staatliche Maßnahmen, die Kinder betreffen, gerechtfertigt werden müssen. Die Schulpflicht ist demnach als Einschränkung der elterlichen Freiheit zu sehen: Eltern sind nicht berechtigt, ihre Kinder zu Hause zu behalten oder zur Arbeit zu schicken.

Werden Kinder als moralisch oder politisch eigenständig gesehen, können mögliche Konflikte zwischen den Interessen oder Rechten von Eltern in den Blick kommen, und es ist angezeigt, in der Rechtfertigung politischer Maßnahmen jede der betroffenen Personen einzeln in den Blick zu nehmen. Die Frage ist allerdings, ob es Kindern überhaupt möglich ist, auf eine Weise am demokratischen Prozess teilzunehmen, die ihrer Stimme legitimierende Kraft verleiht: Sind die Betroffenen nicht kompetent oder haben keine eigenen politischen Einstellungen, scheint fraglich, ob ihr Votum relevant ist. Man kann annehmen, dass politische Legitimationsprozesse bestimmte Anforderungen an die Beteiligten stellen, die zumindest von kleinen Kindern nicht erfüllt werden können.

Die fehlende politische Kompetenz von Kindern könnte auch noch in anderer Weise von Belang sein. Als Staatsbürger, der demokratischen Entscheidungen unterworfen ist, habe ich ein Interesse daran, dass diese von kompetenten Personen getroffen werden. Dies wird deutlich, wenn wir uns eine überschaubare demokratische Gemeinschaft vorstellen, in der jede einzelne Stimme großes Gewicht hat: Nehmen wir an, ich bin Teil einer Gruppe von zehn Personen, die gemeinsam eine folgenschwere Entscheidung treffen müssen, welche alle gleichermaßen angeht. Finden sich in dieser Gruppe zwei Personen, die inkompetent oder desinteressiert sind, so ist dies für den Ausgang der Entscheidung relevant. Als Mitglied dieser Gruppe habe ich gute Gründe, diese zwei Personen vom demokratischen Prozess auszuschließen, weil ich befürchten muss, dass sie in einer Weise entscheiden werden, die meinem oder dem gemeinsamen Interesse entgegensteht. Ich könnte die Legitimität eines Prozesses, an dem sie teilnehmen, infrage stellen.

Jason Brennan (2017) formuliert in diesem Zusammenhang sein ‚Kompetenzprinzip', das sich auf das Problem der Legitimität bzw. die ‚Autorität' einzelner Personen im politischen Prozess bezieht. Jemandem Autorität zuzugestehen bedeutet, ihm eine gültige Stimme im politischen Prozess zu geben. Für Brennan ist die politische Autorität einer Person von ihrer Kompetenz abhängig. Dies begründet er damit, dass es nicht legitim sei, Entscheidungen unterworfen zu sein, die von inkompetenten Personen getroffen werden: „Es ist ungerecht, die Rechte eines Bürgers durch Entscheidungen, die von einem inkompetenten Deliberationsorgan gefällt werden, oder durch die Entscheidungen, die auf inkompetente Art oder mit schlechten Absichten gefällt werden, zu verletzen, um ihm gewaltsam seines Lebens, seiner Freiheit oder seines Eigentums zu berauben oder seine Chancen im Leben erheblich zu beeinträchtigen. Politische Entscheidungen sind nur dann als legitim und maßgeblich zu betrachten, wenn sie von kompetenten Einrichtungen auf kompetente Art und Weise und in gutem Glauben gefällt werden" (Brennan 2017, 249).

Dieser Gedankengang kann zur Rechtfertigung des Ausschlusses von (inkompetenten) Kindern aus dem demokratischen Prozess verwendet werden. Allerdings hat Brennan ihn nicht zu diesem Zweck entwickelt, sondern um zu begründen, warum nicht alle Erwachsenen am demokratischen Prozess beteiligte werden sollen. Brennans Buch heißt *Against Democracy – Gegen Demokratie,* und der Autor argumentiert darin für ein politisches System, das die Herrschaft den Kompetenten oder Wissenden überlässt, eine sogenannte Epistokratie. Dies wirft die Frage auf, ob nicht jedes Argumentationsmuster, das Kindern das Wahlrecht wegen fehlender Kompetenz abspricht, epistokratische (und das heißt: undemokratische) Züge aufweist (Lecce 2012; Tremmel 2014; dazu mehr in Abschn. 4.3).

Klar ist, dass sich das Legitimitätsproblem durch die Einführung des Kinderwahlrechts nur schon deshalb nicht vollständig lösen lässt, weil kleine Kinder, denen es offensichtlich an den nötigen Fähigkeiten zur Wahrnehmung des Wahlrechts fehlt, ohnehin vom politischen Prozess ausgeschlossen bleiben müssen. In theoretischer Perspektive ist deshalb darüber nachzudenken, inwiefern sich (liberale oder demokratische) Legitimität von der tatsächlichen Willensäußerung der Individuen ablösen lässt. So liegt es nahe, Formen hypothetischer oder vernünftiger Willensäußerung und Zustimmung in Betracht zu ziehen: Wie würde ein Kind entscheiden, wenn es vernünftig wäre?

An dieser Stelle können wir nochmals zu Rawls' Prinzip liberaler Legitimität zurückkehren, in dem von der Vernünftigkeit der Beteiligten die Rede ist. Was es bedeutet, ‚vernünftig' zu sein, ist Gegenstand verzweigter philosophischer Debatten. Rawls selbst arbeitet in seiner politischen Theorie mit zwei englischen Begriffen – ‚rational' und ‚reasonable'. Rationalität bezieht sich, wie Rawls ausführt, auf die Fähigkeit des Einzelnen, eigene Ziele und Interessen zu verfolgen, Vernünftigkeit (‚reasonableness') hingegen ist mit Ideen wie Kooperation und Fairness verbunden, d. h. mit der Bereitschaft des Einzelnen, sich auf ein gemeinsames politisches Projekt einzulassen, dessen Regeln gegenüber allen Beteiligten gerechtfertigt werden können (Rawls 1998, 120).

Ausgehend von dieser Idee von Vernünftigkeit, so scheint es, lässt sich ein Stück weit simulieren, welchen Regelungen jemand, der noch nicht vernünftig ist, vernünftigerweise zustimmen müsste: Es sind die Regelungen, denen jeder Mensch, der sich überhaupt auf das gemeinsame Projekt einlässt, zustimmen muss, nämlich die grundlegenden Orientierungen liberaler Demokratie. Wir können also davon ausgehen, dass diese auch für Kinder, die in diesem Bereich noch nichts wissen und keine eigenen Einstellungen haben, akzeptabel sind.

Diese Überlegung bezieht sich jedoch nur auf basale Gehalte, die konsensfähig sein sollten, nicht auf demokratische Entscheidungen, die häufig Themen betreffen, welche gesellschaftlich hoch umstritten sind: Wir können nicht wissen, ob ein Kind etwa Maßnahmen in der Klima- oder der Flüchtlingspolitik zustimmen würde, wenn es vernünftig wäre.

Hier ist zu betonen, dass der Begriff der Vernünftigkeit, wie er von Rawls verwendet wird, sich nicht auf objektive Vernunftgründe bezieht: Rawls schließt nicht aus, dass es auf politische oder weltanschauliche Fragen ‚objektiv richtige' Antworten gibt, betont aber, in vielen dieser Fragen lasse sich voraussichtlich keine Einigkeit erzielen. Demnach gibt es hartnäckige politische und weltanschauliche Meinungsverschiedenheiten, die sich nicht aus der Welt räumen lassen, auch wenn man sich mit gutem Willen auf eine Diskussion einlässt (Rawls 1998, 127). Mit anderen Worten: Es gibt Themen, die ‚vernünftigerweise umstritten‘ sind, insofern vernünftige Personen unterschiedliche Ansichten zu ihnen haben können.

Hätte man Zugang zu objektiven Gründen, ließe sich simulieren, wie Personen in persönlichen oder politischen Fragen vernünftigerweise urteilen müssen. Gerade weil dies nicht der Fall ist, so könnte man argumentieren, braucht es demokratische Prozesse, in denen die betroffenen Personen zu Wort kommen. Hieraus ergibt sich auch, dass ein weiterer möglicher Ausweg aus dem Legitimitätsproblem mit Schwierigkeiten behaftet ist: Dieser Ausweg bestünde darin, zumindest im Fall von Kindern und anderen inkompetenten Personen diejenigen politischen Maßnahmen als legitim einzustufen, die richtig oder gerecht sind. Damit verschwimmt der Unterschied zwischen Legitimität und Gerechtigkeit. Das Problem ist aber, dass vernünftige Meinungsverschiedenheiten dazu bestehen, was gerecht ist: Der demokratische Prozess soll Personen die Möglichkeit geben, sich mit ihren eigenen persönlichen und politischen Wertvorstellungen einzubringen. Dieser Prozess kann deshalb nicht simuliert, sondern muss tatsächlich durchgeführt werden.

Das demokratische Legitimitätsdefizit lässt sich also, was Kinder anbelangt, nicht ohne Weiteres beheben. Allerdings kann darauf verwiesen werden, dass viele Einschränkungen, denen Kinder unterworfen sind, sich mit Bezug auf öffentlich rechtfertigbare Ideen legitimieren lassen. Die Schulpflicht beispielsweise ist wie das Recht auf Bildung in grundlegenden kindlichen Interessen begründet, die nicht von umstrittenen weltanschaulichen Positionen abzuhängen scheinen: Ungeachtet dessen, wie der eigene Lebensentwurf aussieht, wird man auf bestimmten Fähigkeiten und Kenntnisse angewiesen sein, die in der Schule vermittelt werden.

## 4.3 Kinderwahlrecht und Epistokratie

In der Diskussion um das Kinderwahlrecht wird teils argumentiert, die Verweigerung des Wahlrechts aufgrund des Kriteriums der Kompetenz komme einer *epistokratischen* Sichtweise gleich. Insofern die Epistokratie als inakzeptable – d. h. als illegitime oder ungerechte – Staatsform gilt, ergibt sich hieraus ein schlagkräftiger Einwand gegen das Kompetenzkriterium. Erweist sich dieses als unhaltbar, wird eine der wesentlichen Argumentationslinien gegen das Kinderwahlrecht unterhöhlt.

Jörg Tremmel (2014, 54) erläutert, „die Einteilung von Bevölkerungsgruppen in potentiell bessere und schlechtere Wähler" sei „das Grundprinzip der Epistokratie". Demokratie enthalte demgegenüber „das Versprechen, dass alle, die der Regierung eines Staates unterstehen, eben diese Regierung durch Wahlen mitbestimmen können" (56). Er fährt fort: „In einer Epistokratie wäre der Ausschluss wahlwilliger junger Menschen durch eine Altersgrenze legitimierbar. In allen modernen Demokratien ist sie ein Fremdkörper" (57). Tremmel schließt sich dabei Steven Lecce (2012) an, der schreibt: „Das Argument, das die egalitäre Demokratie aus Platons elitärem Schatten heraus verteidigt, zieht auch die andauernde Vorenthaltung des Kinderwahlrecht in ernste Zweifel" (60). Platons Werk *Der Staat* zeichnet das Bild einer politischen Ordnung, in der Philosophen und Philosophinnen die Macht übernehmen. Die zukünftigen Herrscher werden in einem hoch selektiven Bildungsprozess an ihre Aufgabe herangeführt. Es geht darum, sie zur Einsicht in die objektiv vorgegebene ‚Idee der Gerechtigkeit' zu bringen und sie so zu gerechter und kompetenter Herrschaftsausübung zu befähigen.

Hatte Platon eine gesellschaftliche Ordnung im Blick, in der sich die große Mehrheit der Bevölkerung den philosophisch Gebildeten unterordnet, entwickelte der liberale Philosoph John Stuart Mill im 19. Jahrhundert die Idee, dass kompetente und gebildete Personen im demokratischen Prozess mehrere Stimmen haben sollten (Mill 1977). Er deutet auch an, dass inkompetente Personen vom Wahlrecht ganz ausgeschlossen werden könnten. Zugleich setzt sich Mill stark dafür ein, allen Bevölkerungsschichten eine gute Bildung zugänglich zu machen, um ihnen den Erwerb demokratischer Kompetenz zu ermöglichen. Er sieht ein System mit Mehrfachstimmen selbst als Motivation dafür an, sich zu bilden. Wenn heute epistokratische Ideen in Betracht gezogen werden, so stehen eher Mills Gedankenspiele im Fokus als das illiberale System Platons (Brennan 2017).

Tremmel oder Lecce scheinen anzunehmen, dass jede Begründung des Wahlrechts, die auf das Kompetenzkriterium verweist, bereits epistokratische Züge aufweist. Die Grundidee dabei ist, dass Demokratie auf einem strikt verstandenen Gleichheitsprinzip zu beruhen hat, und deshalb das Kriterium der Kompetenz – oder im weiteren Sinne ‚epistemische (wissensbezogene) Aspekte – keine Rolle spielen dürfen: Werden Personen vom Wahlrecht ausgeschlossen, weil sie zu wenig wissen und zu wenig vernünftig sind, wird demnach das Terrain der Demokratie verlassen.

Dem kann entgegengehalten, dass es keineswegs abwegig ist, epistemische Elemente auch im demokratischen Theoriekontext zur Geltung zu bringen. In der Rechtfertigung der Demokratie können grob zwei Stränge unterschieden werden. Der epistemische Ansatz besagt, dass Demokratie deshalb gerechtfertigt ist, weil sie Resultate hervorbringt, die korrekter und gerechter sind als die Resultate anderer Regierungsformen: Wenn alle gleichermaßen am politischen Prozess teilnehmen können, sind die Ergebnisse demnach letztlich (epistemisch) besser, als wenn ein Einzelner oder eine Minderheit entscheidet. Die epistemische Rechtfertigung setzt voraus, dass diejenigen, die am politischen Prozess teilnehmen können, gebildet und kompetent sind – ansonsten sind wohl keine korrekten Resultate zu erwarten.

Eine zweite Art der Rechtfertigung rekurriert nicht auf wissensbezogene Elemente, sondern auf grundlegende moralische Werte wie Freiheit und Gleichheit. So könnte man annehmen, dass Demokratie gerechtfertigt ist, weil sie ein Ausdruck der grundlegenden moralisch-politischen Gleichheit aller Bürgerinnen und Bürger ist (Christiano 2008). Auch wenn man diesen Weg verfolgt, kommt man nicht an Überlegungen zur Kompetenz der an der Demokratie Beteiligten vorbei. Um als Gleicher seine Stimme einzubringen, muss man jemand sein, der eine eigene Stimme hat und sich kompetent am demokratischen Prozess beteiligen kann (Christiano 2008, 128). Dies kann zum einen bedeuten, dass inkompetente Personen – z. B. kleine Kinder – *formal* vom Wahlprozess ausgeschlossen werden. Zum anderen kann man argumentieren, dass solche Personen, auch wenn sie formal wahlberechtigt sind, sich nicht effektiv am demokratischen Prozess beteiligen können.

Diese Überlegungen führen zu den Fragen zurück, die im zweiten Kapitel behandelt wurden. Dort wurde letztlich eine Konzeption mit Altersgrenzen verteidigt, die sich grob an Erwägungen zur Kompetenz orientiert, individuelle Entwicklungsunterschiede aber nicht berücksichtigt. Die Diskussion um Demokratie und Epistokratie, wie sie in Bezug auf das Kinderwahlrecht geführt werden kann, sollte sich nicht bei der Frage aufhalten, ob ein bestimmtes politisches Arrangement als ‚epistokratisch' zu bezeichnen ist oder nicht. Relevant ist vielmehr, welche

Rolle epistemische Elemente bei der Zuteilung politischer Rechte spielen sollen. Die Auffassung bestimmter Verteidiger eines Kinderwahlrechts (Weimann 2002), dass Kompetenzerwägungen *keinerlei* Bedeutung haben dürfen, ist im demokratischen Kontext schwer zu verteidigen.

## 4.4 Repräsentation und Gerechtigkeit

Der Ausschluss der Kinder vom Wahlrecht verunmöglicht es ihnen, ihre Anliegen und Perspektiven zur Geltung zu bringen. Sind die Angehörigen bestimmter Altersgruppen demokratisch nicht repräsentiert, so drohen Entscheidungen gefällt zu werden, die in dem Sinne *ungerecht* sind, dass sie die Interessen dieser Gruppe nicht angemessen berücksichtigen.

Zum einen geht es hier um die Interessen der Kinder *als Kinder*, d. h. die spezifischen Anliegen der ersten Lebensphase, zum anderen um die Interessen von Angehörigen der jüngeren Generation, die sich unter anderem daraus ergeben, dass ihre Lebensperspektive weiter in die Zukunft reicht als bei der älteren Generation: Wer heute zehnjährig ist, hat gute Chancen, den Beginn des 22. Jahrhunderts zu erleben.

Betrachtet man die Interessen, die Kinder als Kinder haben, kann man zunächst jene Aspekte in den Blick nehmen, in denen Kinder sich nicht wesentlich von Erwachsenen unterscheiden. So haben Kinder wie Erwachsene beispielsweise ein Interesse an Gesundheit bzw. an angemessener medizinischer Versorgung: Kinder leiden in ihrem gegenwärtigen Leben, wenn sie krank und schlecht versorgt sind. Darüber hinaus ist Gesundheit bei Kindern mit spezifischen Entwicklungsinteressen verbunden: Wesentliche körperliche und psychische Entwicklungen können durch nachteilige Lebensumstände beeinträchtigt werden. Weiter sind die bereits erwähnten Kindheitsgüter in Betracht zu ziehen (s. Abschn. 2.1), aus denen sich kindliche Interessen ableiten lassen, die sich auf das gegenwärtige Leben der Kinder beziehen und sich von den Interessen der Erwachsenen unterscheiden. Wie gesagt, wird teils davon ausgegangen, dass Kinder beispielsweise ein spezielles Interesse an spielerischen Tätigkeiten haben.

Neben diesen Interessen wird in der Diskussion um das Kinderwahlrecht oftmals auf die spezielle Situation der jüngeren Generation im Vergleich zur älteren Bevölkerung verwiesen (Van Parijs 1998). So schreibt Felix Finkbeiner (2014), der beim Verfassen seines Beitrags sechzehnjährig war: „Wir erben von den Erwachsenen nicht nur einen unvorstellbaren materiellen Schuldenberg, sondern, um es bildlich auszudrücken, auch ein beeindruckendes Himalaya-Bergmassiv an ungelösten Problemen und weltweiten Herausforderungen“ (37). Finkbeiner erwähnt einige Beispiele, wie das ungebremste weltweite Bevölkerungswachstum, die durch die Finanzkrise (2008) entstandenen Schulden oder die Klimakrise: „Alle diese existenziellen Probleme sind Teil unserer Lebenswirklichkeit als Jugendliche. Wir sind heute und werden auch in Zukunft direkt davon betroffen sein, haben aber keine Möglichkeit, uns politisch zu beteiligen. Das kann nicht richtig sein“ (Finkbeiner 2014, 37–38). Finkbeiner nennt also die besondere Betroffenheit der jüngeren Bevölkerung von den genannten Problemen als Grund dafür, Jugendliche politisch mitbestimmen zu lassen: Ihre Interessen sind etwa von mangelnder Entschlossenheit in der Klimapolitik weit stärker tangiert als die Interessen der älteren Generationen.

Sollen die Interessen aller in gerechter Weise berücksichtigt werden, so das Argument für ein Kinderwahlrecht, müssen alle – auch die Kinder – Gelegenheit haben, sich selbst für ihre Interessen stark zu machen. Dies können sie zwar auch tun, indem sie öffentlich ihre Meinung äußern, aber nur wenn sie selbst ihre Stimme abgeben können, erhalten ihre Anliegen politisches Gewicht. Werden Kinder zu Wählern und Wählerinnen, lassen sich ihre Interessen nicht so leicht übergehen.

In diesem Zusammenhang ist wichtig zu sehen, dass nicht von vornherein klar ist, was die Interessen von einzelnen Personen oder von Gruppen sind: Es mag sein, dass Personen ‚objektive' Interessen haben, z. B. ein Interesse an Gesundheit, aber im Einzelnen wird man sich kaum einigen können, worin diese bestehen. Deshalb müssen Individuen ihre Interessen letztlich selbst definieren. Bezogen auf den Bereich der Gesundheit betrifft dies die individuelle Lebensweise, die mit mehr oder weniger gesundheitlichen Risiken verbunden sein kann, und es betrifft auch die Einstellung zu medizinischen Behandlungen, die einem empfohlen werden. In der Definition ihrer Interessen werden Personen auf ihre ‚eigenen' Werthaltungen und weltanschaulichen Überzeugungen zurückgreifen, die in vielen Fällen (‚vernünftigerweise') umstritten sind.

Im medizinischen Bereich gilt es als ausgemacht, dass die kompetenten und in eigenen Einstellungen wurzelnden Entscheidungen von Personen zu respektieren sind und nicht paternalistisch übergangen werden dürfen. Auch im politischen Kontext ist es von zentraler Bedeutung, dass Personen sich mit ihren eigenen Einstellungen – die auch ihre Interessen definieren – einbringen können. Um ihnen dies zu ermöglichen, müssen sie persönlich im politischen Prozess ihre Stimme abgeben können. Es scheint schwierig, eine gerechte soziale Ordnung zu schaffen, in der die Stimmen der Angehörigen bestimmter gesellschaftlicher Gruppen systematisch übergangen werden.

In diesem Zusammenhang kann ein weiterer Punkt erwähnt werden, der in der Diskussion um Demokratie und Epistokratie aufgebracht wurde: Gemäß einem Argument gegen die Epistokratie verhindert der Ausschluss der Inkompetenten vom Wahlrecht, dass ihre spezielle Lebensperspektive und das damit verbundene Wissen in den politischen Entscheidungsprozess einfließen kann (Anderson 2006; Estlund 2008). Die Idee dahinter ist, dass diese Personen – wiewohl sie in gewisser Weise inkompetent sein mögen – über Wissen verfügen, das ihre jeweilige soziale Situation betrifft, und das Personen, die nicht in dieser Situation sind, nicht in gleicher Weise zugänglich ist: So könnte man sagen, dass Erwachsene sich nicht mehr vollständig in die Lebenssituation von Kindern hineinversetzen können (Kulynych 2001, 249). Sie blicken aus ihrer aktuellen Situation auf ihre Kindheit zurück und neigen womöglich zu einer Sichtweise, die dem Lebensgefühl, das sie selbst als Kinder hatten, nicht entspricht: Manche Erwachsene haben eine nostalgische Sicht der ersten Lebensphase, die die Sorgen und Ängste, die sie als Kinder hatten, ausblendet. Andere zeichnen ein dunkles Bild ihrer Kindheit, in dem glückliche Momente vergessen wurden. Will man also das spezifische Erfahrungswissen von Kindern in den politischen Prozess einfließen lassen, so scheint es, muss man ihnen das Wahlrecht gewähren.

Fasst man diese verschiedenen Überlegungen zusammen, lautet das Argument für ein Kinderwahlrecht, dass eine gerechte Berücksichtigung kindlicher Interessen nur möglich ist, wenn die Kinder sich selbst für ihre Interessen einsetzen und sich mit ihren eigenen Einstellungen und ihrem spezifischen Wissen einbringen können. Hiergegen kann man argumentieren, dass Kinder noch nicht fähig sind, ihre Interessen zu definieren, weil es ihnen an Kompetenz und eigenen Einstellungen fehlt. Zudem kann man darauf verweisen, dass sie, auch wenn sie spezifisches Erfahrungswissen haben, nicht über die Fähigkeit verfügen, dieses in angemessener Weise zu artikulieren. Kurz: Aufgrund dieser Schwierigkeiten dient es womöglich der Gerechtigkeit nicht, wenn Kinder das Wahlrecht haben. Ihnen eine Stimme zu geben, führt demnach gerade *nicht* dazu, dass ihre Interessen angemessen berücksichtigt werden, sondern kann sogar den gegenteiligen Effekt haben, weil sie sich selbst über ihre Interessen nicht im Klaren sind. Das Repräsentationsdefizit, das sich aus dem politischen Ausschluss der Kinder ergibt, kann demnach durch die Einführung des Kinderwahlrechts nicht behoben werden.

Es scheint klar, dass dieses Gegenargument zutreffend ist, wenn man es auf kleine Kinder bezieht. Diese mögen fähig sein, Wünsche auszudrücken und sind teils auch in der Lage, ihre Anliegen zu begründen, man wird ihnen aber kaum die Fähigkeit zusprechen können, ihre Interessen kompetent zu vertreten – ansonsten müsste man ihnen auch weitgehende Selbstbestimmungsrechte zusprechen.

Wiederum stellt sich die Frage nach der Gestaltung des Übergangs ins Erwachsenenalter. Es ist kaum umstritten, dass für jüngere Kinder ein spezieller Kindes-Status vorzusehen ist, der unter anderem durch beschränkte Selbst- und Mitbestimmungsrechte charakterisiert ist, aber unklar, durch welche Modalitäten diese Rechte vollständig erlangt werden können. Wenn man, wie vorgeschlagen (s. Abschn. 3.6), ein Modell mit Altersgrenzen favorisiert, kann hinzugefügt werden, dass es Möglichkeiten gibt, die Stimme und das Wissen der Kinder in den politischen Prozess einzubringen, ohne ihnen das volle Wahlrecht zu gewähren (s. Abschn. 4.5 und Kap. 5).

## 4.5 Stellvertreterwahlrecht

Können Kinder sich im demokratischen Prozess nicht selbst repräsentieren, so sind unterschiedliche Varianten einer stellvertretenden politischen Repräsentation in Betracht zu ziehen. Dieser Idee folgen oftmals auch diejenigen, die ein Wahlrecht für Kinder verteidigen, sind sie sich doch im Klaren darüber, dass Kinder ihr Wahlrecht nicht von Geburt an selbst wahrnehmen können. Als Stellvertreter werden zumeist die Eltern genannt. Spricht man von Stellvertretung, setzt man voraus, dass Kinder als moralisch eigenständige Personen gelten, die in ihren Interessen zu vertreten sind: Die Eltern sollen also in ihren Entscheidungen nicht ihre persönlichen Ziele verfolgen, sondern im Sinne ihrer Kinder entscheiden. Die Idee politischer Stellvertretung scheint nicht von vornherein abwegig, weil Eltern auch in anderen Bereichen, beispielsweise in medizinischen Belangen, als Stellvertreter ihrer Kinder fungieren.

Das Stellvertretermodell könnte als Antwort auf das Legitimations- und das Gerechtigkeitsproblem gesehen werden: Man könnte sagen, dass die Stimmabgabe durch die Eltern staatliche Maßnahmen, die die Kinder betreffen, legitimiert. Ebenso könnte man annehmen, dass dadurch eine gerechte Berücksichtigung kindlicher Interessen gewährleistet wird. Zusätzlich bietet ein solches Modell die Möglichkeit, Kinder als gleichberechtigt darzustellen und ihnen das Wahlrecht zuzugestehen, auch wenn sie noch nicht kompetent sind: Die mangelnde Kompetenz, so die Annahme, ist kein Grund, ihnen dieses fundamentale Recht zu entziehen, macht aber eine vorübergehende Stellvertretung notwendig.

Harald Buchstein (2016, 234; vgl. auch Van Parijs 1998, 308) unterscheidet unterschiedliche Varianten des

Stellvertretermodells: Kritisch steht er jenen Modellen gegenüber, die Eltern zusätzliche Stimmen geben, ohne den Kindern bereits ab Geburt das Wahlrecht zuzuschreiben. Hier handelt es sich, wie Buchstein ausführt, nicht um ein eigentliches Stellvertreterwahlrecht, sondern eher um ein Eltern- oder Familienwahlrecht, durch welches das politische Gewicht der Eltern erhöht wird.

Das ‚konventionelle' Stellvertretermodell unterscheidet sich von diesem Ansatz dadurch, dass es die elterliche Stimmabgabe als stellvertretende Ausübung eines kindlichen Rechts darstellt. Wie beim Familienwahlrecht wählen die Eltern für ihre Kinder, bis diese das gesetzlich vorgesehene Wahlalter von heute 18 Jahren erreichen. Selbstverständlich ist auch ein Modell denkbar, in dem das Wahlalter unterhalb des (heutigen) Volljährigkeitsalters angesetzt und der Zeitraum der elterlichen Stellvertretung in politischen Belangen entsprechend verkürzt wird. Weiter nennt Buchstein eine Variante, die er als ‚flexibles' Modell bezeichnet: Hier wird die Erlangung voller politischer Rechte nicht von einer festen Altersgrenze abhängig gemacht. Diese Variante wird beispielsweise von Benjamin Kiesewetter vertreten, der trotz Vorbehalten gegenüber der elterlichen Stellvertretung folgendes „Kombinationsmodell" vorschlägt: „Eltern üben das Wahlrecht treuhänderisch für ihr Kind aus, aber nur bis zu dem Zeitpunkt, zu dem das Kind sein Interesse an der selbständigen Ausübung bekundet. So wird niemandem das Mitbestimmungsrecht vorenthalten und gleichzeitig werden auch die Stimmen derjenigen Kinder berücksichtigt, die nicht wählen können oder wollen" (Kiesewetter 2020).

Ein Einwand gegen das elterliche Stellvertreterwahlrecht lautet, dass es dem Grundsatz ‚Eine Person, eine Stimme' widerspricht, da Eltern mit zusätzlichen Stimmen ausgestattet und so gegenüber Kinderlosen bevorzugt werden.

Dem kann entgegengehalten werden, dass das Stellvertretermodell die Eltern darauf verpflichtet, die Interessen ihrer Kinder zu verfolgen. Zumindest in der Theorie haben Eltern nicht mehrere Stimmen, sondern sie übernehmen treuhänderisch das Wahlrecht der Kinder.

Praktisch gesehen jedoch ist unklar, wie gewährleistet werden kann, dass Eltern mit den Zusatzstimmen nicht ihre persönlichen Interessen oder politisch-weltanschaulichen Ziele verfolgen (Weimann 2002, 57). Besondere Schwierigkeiten ergeben sich, wenn Kinderreichtum in einer Gesellschaft mit bestimmten politischen oder religiösen Auffassungen korreliert ist. In diesem Fall könnten einzelne soziale Gruppen durch die Einführung des Stellvertreterwahlrechts ein politisches Übergewicht erhalten.

Gemäß gängiger demokratischer Praxis muss man sein Wahlverhalten weder offenlegen noch rechtfertigen. Dies wirft die Frage auf, wie man überprüfen kann, ob Eltern im Interesse der Kinder wählen. In anderen Bereichen, in denen Eltern eine Stellvertreterrolle innehaben, können ihre Entscheidungen evaluiert und gegebenenfalls umgestoßen werden. Dies kann etwa geschehen, wenn sich Eltern aus religiösen Gründen dagegen wehren, dass ihrem Kind Blutkonserven verabreicht werden. Christoph Schickhardt (2015, 232) schlägt vor, dass elterliche Wahlentscheidungen gespeichert und dem Kind bei Erreichen der Volljährigkeit bekannt gemacht werden, damit es überprüfen kann, ob die Eltern in seinem Sinne gewählt haben. Es ist allerdings unklar, was die Konsequenzen sein könnten, wenn die jungen Erwachsenen zum Schluss kommen, von ihren Eltern schlecht vertreten worden zu sein.

In diesem Zusammenhang besteht das zusätzliche Problem, dass Eltern, die willig sind, im Interesse ihrer Kinder zu wählen, oftmals Schwierigkeiten haben werden, diese Interessen zu definieren. Wie gesagt, sind viele der Auffassungen, die unsere Interessen bestimmen, vernünftigerweise umstritten. Folglich scheint es kaum möglich, zu wissen, wie Kinder wählen würden, wenn sie vernünftig wären. So wird man nicht ohne Weiteres davon ausgehen können, dass Kinder und Jugendliche die langfristigen Interessen der Gesellschaft höher gewichten werden als die kurzfristigen und sich deshalb für einschneidende Maßnahmen im Klimaschutz einsetzen würden. Sie könnten etwa der Auffassung sein, durch höhere Kosten für Flugtickets unverhältnismäßig in ihren Reiseplänen beschränkt zu werden. Auch in Bereichen wie der Finanz- oder Rentenpolitik lässt sich das mögliche Wahlverhalten von Kindern nicht zweifelsfrei eruieren. Dies gilt auch für die Bildungspolitik, von der Kinder unmittelbar betroffen sind: Auf welcher Grundlage soll man etwa entscheiden, ob Kinder für eine Abschaffung des gegliederten Bildungssystems zu gewinnen wären?

Unklar ist zudem, ob Kinder, wenn sie wählen könnten, strikt ihr Eigeninteresse verfolgen würden oder von übergreifenden Gerechtigkeitsvorstellungen geleitet wären. Die Idee elterlicher Stellvertretung fokussiert oftmals stark auf die Interessen der Kinder, die gegen die Interessen anderer Altersgruppen durchzusetzen seien. Viele erwachsene Wählende jedoch setzen sich auch für Anliegen ein, die nicht in ihrem persönlichen Interesse sind: So können sich Reiche dafür aussprechen, dass die Steuern für Reiche erhöht werden. Ebenso ist es möglich, dass Rentner und Rentnerinnen sich für Investitionen in Kindertagesstätten einsetzen. Würde man Eltern darauf verpflichten, ausschließlich die Eigeninteressen der Kinder zu verfolgen, müssten sie in ihrem Wahlverhalten womöglich weitergehende Gerechtigkeitserwägungen außer Acht lassen. Sie müssten ignorieren, dass es nicht in jeder Situation angemessen ist, die Interessen der Kinder gegenüber den Belangen anderer Gruppen zu priorisieren. Zudem müssten sie in ihrer Stimmabgabe nicht die Interessen aller Kinder und Jugendlichen (d. h. aller Individuen unter 18 Jahren) in den Blick nehmen, sondern ausschließlich die Interessen der Altersgruppe, in der sich ihr Kind gerade befindet: Warum sollten sich Schulkinder um die Interessen von Dreijährigen kümmern?

Ein weiteres Problem elterlicher Stellvertretung besteht darin, dass nicht alle Eltern willig sein werden, das Wahlrecht für ihre Kinder auszuüben. Wer seine eigene Stimme verfallen lässt, wird kaum für sein Kind wählen gehen. Meist wird angenommen, dass es Bürgerinnen und Bürgern freistehen soll, ob sie sich politisch beteiligen wollen oder nicht. Folglich wird ein elterliches Stellvertreterwahlrecht dazu führen, dass einige Kinder politisch vertreten werden, andere hingegen nicht. Schickhardt (2015, 223) reagiert auf dieses Problem, indem er vorschlägt, eine Stellvertreterwahl*pflicht* vorzusehen: Eltern sollen nicht frei entscheiden können, ob sie die Stimme ihres Kindes abgeben wollen. Dies scheint problematisch, weil es stark in die individuelle Freiheit von Eltern eingreift: Personen, die zuvor politisch abstinent waren, müssen sich plötzlich an Wahlen beteiligen, nur weil sie ein Kind bekommen haben. Wer auf diese Weise zu politischer Beteiligung gezwungen wird, wird sich möglichweise ungenügend mit den zur Debatte stehenden politischen Fragen oder den Kandidatinnen und Kandidaten, die sich zur Wahl stellen, befassen.

Ein interessanter Aspekt von Schickhardts Konzeption ist, dass Kinder ab 14 Jahren das Veto gegen stellvertretende Entscheidungen ihrer Eltern einlegen können sollen (Schickhardt 2015, 223). Auf diese Weise, so könnte man annehmen, wird verhindert, dass Jugendliche selbst unkluge politische Entscheidungen treffen, gleichzeitig wird ihnen ermöglicht, eine elterliche Entscheidung außer Kraft zu setzen, wenn diese ihren eigenen Einstellungen zuwiderläuft. Die praktischen Konsequenzen einer solchen Regelung sind allerdings unklar: Angenommen, die Eltern wählen stellvertretend für ihr Kind die Grünen, und dieses legt sein Veto ein. In diesem Fall wäre offen, was die Eltern weiter tun sollten – wenn sie sich für die Partei entscheiden, die das Kind vorschlägt, ist dies praktisch damit gleichzusetzen, dem Kind das Wahlrecht direkt zu gewähren.

Bedenkenswert wäre möglicherweise auch die umgekehrte Regelung, d. h. ein Vetorecht der Eltern gegen die politischen Entscheidungen der Kinder, wenn diese irrational oder inkompetent erscheinen. Dieses Modell hat Ähnlichkeiten mit der Idee eines „epistokratischen Rats", der Jason Brennan zufolge (2017, 370) demokratisch gefällte Entscheidungen notfalls durch ein Veto außer Kraft setzen könnte. Dieser ‚Rat der Wissenden', so die Idee, soll nicht bestimmen können, wohin sich die Gesellschaft entwickelt, aber er sollte krasse Fehlentwicklungen verhindern. Analog könnte man sich die Rolle der Eltern in der Adoleszenz vorstellen: Zumindest im Bereich persönlicher Lebensentscheidungen, die von Jugendlichen gefällt werden, ist ein solches Modell denkbar. Inwiefern sich dies auf der politischen Ebene umsetzen ließe, ist unklar: Man könnte sich vorstellen, dass Eltern ihr Veto einlegen, wenn Jugendliche sich politisch am rechten oder linken Rand orientieren. Jedoch ist schwer zu rechtfertigen, warum man beispielsweise die Stimmabgabe für eine rechtspopulistische Partei verhindern sollte, die zur Wahl zugelassen ist und auch von vielen ‚kompetenten' Erwachsenen gewählt wird.

Einen anderen Vorschlag macht Harald Buchstein (2016, 239), der die Idee entwickelt, die politische

Stellvertretung der Kinder nicht den Eltern zu überlassen, sondern über einen Losentscheid an beliebige Wählerinnen und Wähler zu übertragen. So könnten auch Kinderlose als Vertreter von Kindern fungieren, und es könnte verhindert werden, dass Eltern mit vielen Kindern übermäßiges politisches Gewicht bekommen. Nach Buchstein sollte man als Wähler höchstens ein Kind vertreten können. Buchstein nimmt offenbar an, dass einem ein bestimmtes Kind zugeteilt wird, sieht aber vor, dass man von diesem nur das Alter und allenfalls das Geschlecht kennen soll. Er äußert die Hoffnung, dass diejenigen Wählenden, auf die das Los fällt, sich verstärkt mit der Lebenssituation und den Anliegen der Kinder befassen werden, ob sie nun selbst Kinder haben oder nicht. Dieses ‚aleatorische' Modell, wie Buchstein es nennt (von ‚alea', lat. Würfel), könnte so ausgestaltet werden, dass Nichtwähler von vornherein nicht als Stellvertreter infrage kämen und sich deshalb die Frage nicht stellen würde, ob für die Stellvertreter eine Wahlpflicht besteht.

Kommen beliebige Wählende, wie von Buchstein vorgesehen, als politische Stellvertreter von Kindern und Jugendlichen infrage, könnte man auch noch einen Schritt weitergehen und annehmen, dass jede politisch aktive Person grundsätzlich verpflichtet ist, ‚stellvertretend für alle' zu entscheiden, das heißt, die Interessen aller Betroffenen in Betracht zu ziehen. Anders gesagt: Wählende sollten sich an einer Vorstellung von Gerechtigkeit orientieren, nicht allein an ihrem Eigeninteresse. Sie sollten zwar auch ihre persönlichen Anliegen in den politischen Prozess einbringen, diese zugleich aber ins Verhältnis zu den Interessen anderer setzen. Hier könnte man von einer ‚idealistischen' Demokratievorstellung sprechen, die einer ‚realistischen' Konzeption entgegengesetzt ist, gemäß der Wähler und Wählerinnen ausschließlich ihr Eigeninteresse verfolgen oder verfolgen sollten.

Die deliberativen Konzeptionen von Demokratie sind in dem Sinne idealistisch, als sie davon ausgehen, dass Bürger und Bürgerinnen sich auf einen Austausch von Argumenten einlassen, die sich auf Fragen des Gemeinwohls und der Gerechtigkeit beziehen: In der öffentlichen Deliberation, so die Annahme, streiten die Beteiligten argumentativ darüber, welches die ‚richtigen' oder ‚gerechten' Lösungen für sich stellende kollektive Probleme sind. In einem solchen Deliberationsprozess ist einerseits zentral, dass alle oder möglichst viele der Betroffenen direkt zu Wort kommen können, andererseits können aber auch die Belange derjenigen mitberücksichtigt werden, die nicht die Fähigkeit zur Teilnahme am Deliberationsprozess haben. Deren Berücksichtigung kann durch jeden Einzelnen der Teilnehmenden vorgenommen werden, zusätzlich können sich Individuen oder Organisationen in den Prozess einschalten, die in treuhänderischer Weise die Interessen derer vertreten, die vom demokratischen Prozess ausgeschlossen sind. Im Falle von Kindern wären das Kinder- und Jugendorganisationen oder speziell eingerichtete Gremien, die auf die politische Vertretung der jüngeren Generation ausgerichtet sind und sich in einem institutionell vorgegebenen Rahmen zu Wort melden können. Selbstverständlich können sich in diesem Prozess auch Eltern oder andere Personen für kindliche Interessen einsetzen. Die Lobbyarbeit für Kinder soll jedoch im deliberativen Prozess mit Gerechtigkeitserwägungen verbunden werden: Die Argumente, die vorgebracht werden, können nur dann überzeugen, wenn sie nicht einseitig eine bestimmte Gruppe privilegieren.

Christoph Schickhardt (2015), der sein Stellvertretermodell auf der Basis einer ‚realistischen' Demokratiekonzeption verteidigt, hält es für problematisch, in der Diskussion um das Kinderwahlrecht darauf zu setzen, dass alle erwachsenen Bürgerinnen und Bürger sich auch um die Angelegenheiten der Kinder kümmern werden. Mit polemischem Unterton schreibt er: „Auf die Selbstlosigkeit und Gutmütigkeit von Menschen im Umgang mit den Interessen machtloser Dritter zu setzen, steht jedem frei, um dessen eigene Interessen es geht; wenn es um die Interessen und Rechte anderer geht, ist es wohlfeil. Der Begriff der Demokratie soll nicht schon eine begriffsinhärente Beschwichtigung der Frage nach der Stellung der Kinder im Wahlrecht enthalten“ (Schickhardt 2015, 198). Anders gesagt: Der Verweis auf eine Idealvorstellung von Demokratie könnte als billiger Ausweg aus dem Problem der angemessenen Repräsentation kindlicher Interessen gesehen werden.

Folgt man einer idealistischen Demokratiekonzeption, muss man allerdings nicht davon ausgehen, dass sich alle *faktisch* um Gerechtigkeit kümmern werden.

Vielmehr wird eine (moralische) Verpflichtung angenommen, in seinen Entscheidungen das Wohl aller zu berücksichtigen. Die Annahme einer solchen Verpflichtung ergibt nur schon deshalb Sinn, weil von demokratischen Entscheidungen neben Kindern stets auch anderen Gruppen mitbetroffen sind, die keine eigene Stimme haben, beispielsweise die ausländische Wohnbevölkerung oder Personen, die noch gar nicht geboren sind.

Angesichts der Unwägbarkeiten der unterschiedlichen Stellvertretermodelle ist es meines Erachtens angezeigt, nicht mit zusätzlichen Stimmen für Eltern oder andere Personen zu arbeiten, sondern die demokratische Kultur einschließlich der politischen Bildung so auszurichten, dass Wahlberechtigte sich ihrer Verpflichtung für das Ganze bewusst werden. Politisches Handeln wäre dann (idealerweise) nicht nur persönliche Interessenvertretung, sondern immer auch stellvertretendes Handeln für alle anderen, insbesondere diejenigen, die sich nicht mit eigener Stimme beteiligen können.

Darüber hinaus kann nach Wegen gesucht werden, die demokratische Partizipation derjenigen, die noch kein Wahlrecht haben, zu verstärken (s. Kap. 4).

## Literatur

Anderson, Elizabeth: The Epistemology of Democracy. In: Episteme. A Journal of Social Epistemology 3/1–2 (2006), 8–22.

Beckman, Ludvig: Children and the Right to Vote. In: Anca Gheaus/Gideon Calder/Jurgen de Wispelaere (Hg.): The Routledge Handbook of the Philosophy of Childhood and Children. London/New York 2018, 384–394.

Brennan, Jason: Gegen Demokratie. Warum wir die Politik nicht den Unvernünftigen überlassen dürfen. Berlin 2017 (engl. 2016).

Buchstein, Hubertus: Zwei Reformvorschläge zur Absenkung des Wahlalters. Das Jugendwahlrecht und das (stellvertretend ausgeübte) Wahlrecht von Geburt an. In: Tobias Mörschel (Hg.): Wahlen und Demokratie. Reformoptionen des deutschen Wahlrechts. Baden-Baden 2016, 225–243.

Christiano, Thomas: The Constitution of Equality. Democratic Authority and its Limits. Oxford 2008.

Estlund, David: Democratic Authority. Princeton 2008.

Finkbeiner, Felix: Argumente für ein Wahlrecht ohne Altersgrenze. In: Klaus Hurrelmann/Tanjev Schultz (Hg.): Wahlrecht für Kinder? Politische Bildung und die Mobilisierung der Jugend. Weinheim/Basel 2014, 37–44.

Gutmann Amy/Thompson Dennis. Why Deliberative Democracy? Princeton 2004.

Habermas, Jürgen: Faktizität und Geltung. Beiträge zur Diskurstheorie des Rechts und des demokratischen Rechtsstaats. Frankfurt am Main 1992.

Kiesewetter, Benjamin: Wahlrecht ab Geburt – „Es geht darum, jedem Menschen eine Stimme zu geben“. Interview vom 20. Juni 2020. In: https://www.srf.ch/kultur/gesellschaft-religion/wahlrecht-ab-geburt-es-geht-darum-jedem-menschen-eine-stimme-zu-geben (20.5.2021).

Lecce, Stephen: Wann wird die Demokratie erwachsen? Kinder und das Wahlrecht. Journal für Generationengerechtigkeit 12/2 (2012), 57–62.

Locke, John: Zwei Abhandlungen über die Regierung. Frankfurt am Main 1977 (engl. 1689).

Mill, John Stuart: Thoughts on Parliamentary Reform. In: Collected Works of John Stuart Mill, Bd. 19. Toronto 1977, 311–339 (engl. 1859).

Peter, Fabienne: Democratic Legitimacy. New York 2009.

Pettit, Philip: On the People's Terms. A Republican Theory and Model of Democracy. Cambridge 2012.

Rawls, John: Die Idee des politischen Liberalismus. Frankfurt am Main 1998 (engl. 1993).

Schickhardt, Christoph (2015). Kinder im Wahlrecht und in Demokratien. Für eine elterliche Stellvertreterwahlpflicht. In: Zeitschrift für Praktische Philosophie 2/1 (2015), 191–248.

Tremmel, Jörg (2014). Demokratie oder Epistokratie? Politische Urteilsfähigkeit als Kriterium für das Wahlrecht. In: Klaus Hurrelmann/Tanjev Schultz (Hg.): Wahlrecht für Kinder? Politische Bildung und die Mobilisierung der Jugend. Weinheim/Basel 2014, 45–80.

Van Parijs, Philippe: The Disfranchisement of the Elderly, and Other Attempts to Secure Intergenerational Justice. In: Philosophy and Public Affairs 27/4 (1998), 292–333.

Weimann, Mike: Wahlrecht für Kinder. Eine Streitschrift. Weinheim/Basel: Beltz 2002.

# 5

# Politisierung der Kindheit

„Weil das Kind gegen die Welt geschützt werden muss, ist sein ihm angestammter Platz die Familie, die im Schutz ihrer vier Wände sich aus der Öffentlichkeit jeden Tag wieder in ihr Privatleben zurückzieht. Diese vier Wände, in denen sich das Familien- und Privatleben der Menschen abspielt, bilden einen Schutz gegen die Welt, und gerade gegen die Öffentlichkeit der Welt. Sie umgrenzen einen Raum des Verborgenen, ohne die kein Lebendiges gedeihen kann" (Arendt 1994, 267). Hannah Arendt betont hier den Gegensatz zwischen dem Privaten und dem Öffentlichen, und sie macht klar, dass der Platz der Kinder im privaten Raum der Familie ist: Kinder sind keine öffentlichen, keine politischen Personen. Sie sollen im Schutz der Familie und in der Schule, die ein Bindeglied zwischen Privatem und Öffentlichem darstellt (Arendt 1994, 269), heranwachsen und erst dann in den Bereich des politischen Handelns eintreten. Gemäß Arendt sollte der Zustand oder Status der Kindheit als



J. Giesinger, *Wahlrecht – auch für Kinder?*, #philosophieorientiert,
https://doi.org/10.1007/978-3-662-64699-1_5

apolitisch konzipiert werden. Demgegenüber haben Befürworter eines Wahlrechts für Kinder eine Politisierung der Kindheit im Sinn. Werden Personen im Kindheitsstatus individuelle Rechte gewährt (s. Abschn. 3.1), so ist dies ein erster Schritt aus dem „Raum des Verborgenen" in die Öffentlichkeit. Kinder erlangen auf diese Weise ein gewisses Maß an moralisch-rechtlicher Selbständigkeit gegenüber ihren Eltern. Sie werden zumindest zu ‚passiven' Staatsbürgern oder -bürgerinnen, um Kants Begrifflichkeit zu verwenden: Sie werden durch Wohlfahrtsrechte geschützt, können aber nicht selbstbestimmt handeln und nicht politisch mitbestimmen. ‚Aktive' Staatsbürgerschaft ist für Kant mit dem Wahlrecht verknüpft. Man könnte allerdings den Begriff der aktiven politischen Person weiter fassen und ihn auf alle beziehen, die in irgendeiner Form fähig und berechtigt sind, politisch zu partizipieren. Die Frage nach der Politisierung der Kindheit bezieht sich also zum einen darauf, ob Kinder formal mitbestimmen können sollen, zum anderen darauf, ob man politische Aktivitäten von Kindern ermöglichen und fördern sollte. Arendt würde wohl beides ablehnen.

Die Rechtfertigung dafür, das politische Handeln von Kindern auch unabhängig vom Wahlrecht zu unterstützen, ergibt sich aus Ideen, die in den letzten Kapiteln erörtert wurden: *Erstens* können bereits Kinder und Jugendliche über ‚eigene' persönliche und politische Wertvorstellungen verfügen, auch wenn diese sich womöglich nicht zu einem stabilen und kohärenten Ganzen fügen. Es ist ein Gebot des Respekts, Kinder in ihren eigenen Einstellungen, soweit dies möglich ist, zu berücksichtigen.

*Zweitens* lassen sich aus Stellungnahmen und Willensäußerungen von Kindern und Jugendlichen Hinweise dazu gewinnen, was für sie gut ist. Es ist deshalb wichtig, ihre Wünsche, Überzeugungen und Einstellungen zu kennen und ihnen die Möglichkeit zu geben, ihr kindspezifisches Erfahrungswissen in den politischen Prozess einzubringen.

*Drittens* kann die Ermöglichung von Partizipation dazu dienen, dass Kinder lernen, sich ins demokratische Geschehen einzubringen. Partizipation ist in diesem Sinne Teil der demokratischen Bildung.

Das deliberative Demokratiemodell scheint besonders geeignet, um theoretisch zu erläutern, worin politische Partizipation ohne Wahlrecht bestehen kann, nämlich in der Teilnahme an den deliberativen Prozessen, in die Wahlen oder Sachabstimmungen eingebettet sind (dazu auch Martin 2018). In solchen Prozessen können Kinder zumindest *angehört* werden, wie es von Artikel 12 der Kinderrechtskonvention vorgesehen ist. Die politische Anhörung kann dazu dienen, die Wünsche und Erfahrungen von Kindern aufzunehmen, um sich ein Bild von ihrer speziellen Lebenssituation und ihren Interessen zu machen.

Während bereits jüngere Kinder fähig sind, ihre Wünsche, Überzeugungen und Einstellungen zu Fragen, die sie direkt betreffen, darzulegen, erfordert die Teilnahme an argumentativen Diskursen höherstufige kognitive und sprachliche Fähigkeiten sowie umfassendes Wissen im relevanten Bereich. Die Anforderungen, die hier zu stellen sind, scheinen über jene minimale politische Kompetenz hinauszugehen, die oftmals als Bedingung für die Gewährung des Wahlrechts gesehen wird.

Viele ältere Kinder und Jugendliche sind aber durchaus fähig, Argumente zu formulieren und auf die Äußerungen anderer mit Einwänden und Nachfragen zu reagieren. Sie mögen manchen Erwachsenen, die über mehr Erfahrung und Bildung verfügen, in dieser Hinsicht unterlegen sein. Es ist aber wichtig zu sehen, dass man, um an der öffentlichen Diskussion teilzunehmen, nicht ‚fehlerfrei' oder ‚perfekt' argumentieren können muss. Erwachsene, die an politischen Diskussionen beteiligt sind, unterscheiden sich in ihrem Wissen und ihren argumentativen Fähigkeiten teils sehr stark. Auch jemand, der beispielweise sprachlich limitiert ist, kann gute oder gültige Argumente vorbringen.

Ausgehend von Jürgen Habermas kann man die Idealvorstellung eines Diskurses von real durchgeführten argumentativen Diskussionen unterscheiden. Letztere können durch vielfältige Faktoren verzerrt sein, z. B. durch Unterschiede in den Fähigkeiten und dem Wissen der Beteiligten, haben sich aber letztlich an einer Idealvorstellung der Diskussion zu orientieren, in der „der eigentümlich zwanglose Zwang des besseren Arguments" wirkt (Habermas 2009, 148).

Der Einbezug von jüngeren, nicht wahlberechtigten Personen in deliberative Prozesse kann auf unterschiedliche Arten geschehen. Ohne hier auf praktische Details der Partizipationsmöglichkeiten junger Menschen einzugehen, kann zwischen institutionalisierten und nicht-institutionalisierten Formen unterschieden werden.

Zum einen können politische Institutionen und Regelungen geschaffen werden, die einen Rahmen für politische Partizipation vorgeben. Ein Beispiel sind die vielerorts existierenden Kinder- und Jugendparlamente, in denen die Beteiligten Anliegen diskutieren, die sie direkt angehen. Die Idee ist hier zumeist, dass die gemeinsam erarbeiten Vorschläge dann von gewählten Politikern und Politikerinnen aufgegriffen werden. Während Jugendparlamente ein Engagement der Beteiligten über einen längeren Zeitraum verlangen, ermöglichen andere institutionelle Instrumente eine punktuelle und themenbezogene politische Partizipation. So kann die Möglichkeit eingerichtet werden, über eine Unterschriftensammlung politische Anträge ins jeweilige Parlament zu bringen, um dort zumindest eine Debatte zu einem bestimmten Anliegen anzuregen. Auf diese Weise können Jugendliche zwar nicht direkt mitbestimmen, sich aber Gehör verschaffen. Sie bleiben allerdings darauf angewiesen, dass Erwachsene ihre Anliegen aufnehmen und sie – gewissermaßen stellvertretend – in den Gesetzgebungsprozess einfließen lassen.

Neben diesen institutionellen Möglichkeiten bestehen in der Demokratie auch vielfältige Formen der Partizipation, die nicht an einen staatlich vorgegebenen Rahmen gebunden sind. Es kann darauf hingewiesen werden, dass die Kinderrechtskonvention neben dem bereits erwähnten Artikel 12 andere Regelungen vorsieht, die es Kindern ermöglichen sollen, politische Anliegen zu verfolgen und zu artikulieren. Artikel 13 sichert Kindern Meinungsfreiheit zu, Artikel 14 Gedanken-, Gewissens- und Religionsfreiheit. Besonders wichtig ist Artikel 15: „Die Vertragsstaaten erkennen das Recht des Kindes an, sich frei mit anderen zusammenzuschließen und sich friedlich zu versammeln" (Unicef 2021). Kinder und Jugendliche sind demnach berechtigt, politische Gruppierungen und Organisationen zu gründen und Versammlungen abzuhalten. Dies eröffnet ihnen Möglichkeiten für unterschiedliche Formen (öffentlicher) Diskussions- und Protestveranstaltungen. In jüngster Zeit hat sich etwa die Klimastreik-Bewegung, die stark von minderjährigen Personen getragen wird, auf diese Freiheiten berufen. Die Bewegung nutzt gezielt die nicht-institutionellen Mittel des Protests, um mit radikalen Forderungen Druck auf die institutionelle Politik aufzubauen, ohne sich selbst auf die parlamentarische Kleinarbeit und auf politische Kompromisse einlassen zu müssen.

Das nicht-institutionelle politische Engagement von Jugendlichen kann sich nicht nur auf einzelne Bereiche wie die Klima-, die Bildungs- oder die Flüchtlingspolitik beziehen, sie kann auch die (politischen) Rechte der Jugendlichen selbst in den Blick nehmen: Kinder und Jugendliche können sich für ein Kinderwahlrecht oder die Senkung des Wahlalters einsetzen. Ein Blick in die Geschichte der Demokratisierung unserer Gesellschaften zeigt, dass die Ausweitung des Wahlrechts meist von politischen Aktionen der ausgeschlossenen Gruppen selbst ausging. Es waren die Frauen, die sich das Frauenwahlrecht erkämpft hatten, und es war die amerikanische Bürgerrechtsbewegung, die den Weg zum *Voting Rights Act* (1965) ebnete, der die politischen Rechte der schwarzen Bevölkerung stark ausweitete (Lichtman 2018).

So gesehen liegt es (auch) in den Händen der Kinder und Jugendlichen selbst, ob das Wahlrecht auf diese Gruppe ausgedehnt wird. Aus nicht-institutionellen Protestformen wie dem Klimastreik kann sich die Forderung nach echter Mitsprache ergeben. So gesehen muss die Politisierung der Kindheit und Jugend von den Betroffenen selbst getragen werden: Sie selbst müssen den Beschluss fassen, aus dem „Raum des Verborgenen" herauszutreten und sich aktiv an der Gestaltung ihrer Zukunft zu beteiligen. Die philosophischen Erwägungen in diesem Band haben ergeben, dass zwar ein System mit Altersgrenzen zu bevorzugen ist, dieses jedoch unterschiedlich konzipiert werden kann: Es gibt verschiedene legitime Übergangsarrangements, aus denen sich wiederum politische Gestaltungsmöglichkeiten ergeben, die gerade von der jüngeren Generation genutzt werden können.

# Literatur

Arendt, Hannah: Die Krise der Erziehung [1958]. In: Dies.: Zwischen Vergangenheit und Zukunft. Übungen im politischen Denken I. München 1994, 255–276.

Habermas, Jürgen: V. Vorlesung. Wahrheit und Gesellschaft. Die diskursive Einlösung faktischer Geltungsansprüche [1971]. In: Ders.: Sprachtheoretische Grundlegung der Soziologie, Studienausgabe, Philosophische Texte, Bd. 1. Frankfurt am Main 2009, 131–156.

Lichtman, Allan: The Embattled Vote in America. From the Founding to the Present. Cambridge Mass. 2018.

Martin, Christopher: Should Deliberative Democratic Inclusion Extend to Children? Democracy and Education, 26/2 (2018), 1–11.

Unicef: Konvention über die Rechte des Kindes [1989]. In: https://www.unicef.de/blob/194402/3828b8c72fa812917 1290d21f3de9c37/d0006-kinderkonvention-neu-data.pdf (21.5.2021).

# 6

# Ergebnisse

Der Ausschluss der Kinder vom Wahlrecht ist mit einem Legitimitäts- und einem Gerechtigkeitsproblem verbunden: Kinder sind staatlichen Maßnahmen unterworfen, über die sie nicht mitbestimmen können, und es besteht die Gefahr, dass ihre Interessen nicht in gerechter Weise berücksichtigt werden. Hieraus ergeben sich gewichtige Argumente dafür, Kindern politische Mitbestimmungsrechte zuzugestehen.

Die gängigen Regelungen, wonach Kinder nicht wählen dürfen, werden zumeist damit begründet, dass ihnen dafür die nötigen Fähigkeiten fehlen. Das Problem dieser Argumentation ist jedoch, dass viele Erwachsene politisch weniger kompetent sind als manch ältere Kinder und Jugendliche. Dies wirft die Frage auf, ob es fair ist, die Gewährung des Wahlrechts an feste Altersgrenzen zu binden: Tut man dies, so werden bestimmte Individuen, die die nötige Kompetenz besitzen, nicht zur



J. Giesinger, *Wahlrecht – auch für Kinder?*, #philosophieorientiert,
https://doi.org/10.1007/978-3-662-64699-1_6

Wahl zugelassen, andere hingegen schon, obwohl sie die geforderten Voraussetzungen nicht erfüllen.

Die Phasen der Kindheit und Jugend weisen zwar vielfältige biologische Eigenheiten auf, sie könnten aber in gewissem Sinne auch als sozial konstruiert gesehen werden: Jede Gesellschaft reagiert auf spezifische Weise auf die Bedingungen der ersten Lebensphase. Kindheit kann entsprechend als sozialer Status beschrieben werden, der unterschiedlich ausgestaltet werden kann. Die Frage nach dem Wahlrecht muss in die breitere Diskussion um die angemessene Ausgestaltung des Kindes-Status sowie des Übergangs in den Erwachsenen-Status eingebettet werden. Bezüglich des Wahlrechts wurden drei mögliche Übergangsarrangements diskutiert: Kompetenztests, die persönliche Interessenbekundung und Altersgrenzen. Keines scheint unmittelbar überzeugend. Altersgrenzen werden dem jeweiligen Entwicklungsstand der Individuen nicht gerecht. Als Hauptargument gegen Kompetenztests wurde genannt, dass dafür genau definiert werden müsste, welches Niveau in der Entwicklung relevanter Fähigkeiten gefordert ist. Dies jedoch scheint kaum möglich. Das zweite wichtige Argument ist, dass Kompetenztests vermutlich soziale Ungleichheiten bei der Erlangung des Wahlrechts schaffen würden. Die persönliche Interessenbekundung scheint für sich genommen moralisch irrelevant – ein Recht hat man nicht einfach deshalb, weil man es beansprucht. Eher scheint es so, dass die Interessenbekundung als Indikator für Kompetenz gesehen wird. Dies wirft jedoch die Frage aus, ob es sich hier um einen zuverlässigen Indikator handelt.

Aufgrund dieser Überlegungen erweisen sich Altersgrenzen als die fairste Lösung:

Angesichts fortbestehender sozialer Ungleichheiten bietet dieses Modell einen transparenten und für alle gleichen Übergangsmodus, der im Grundsatz durch das Kompetenzkriterium gerechtfertigt ist. Es wurde argumentiert, dass ein solches Arrangement nicht als moralisch herabsetzend einzuschätzen ist.

Der Statuswechsel, so der hier vertretene Vorschlag, soll durch einen sozialen Akt der Übertragung von Rechten und Pflichten geschehen, mit dem den Betroffenen signalisiert wird, dass sie von diesem Zeitpunkt an neue gesellschaftliche und politische Aufgaben haben. Die Festlegung des Alters für die vollwertige politische Partizipation ist ein Stück weit willkürlich – es gibt unterschiedliche gerechtfertigte Übergangsarrangements. Die Altersgrenze kann zwischen ungefähr 12 und 25 Jahren liegen. Es gibt gute Gründe, sie unter 18 Jahren anzusetzen: Durch verstärkte Inklusion jüngerer Altersgruppen können das Legitimitäts- und das Gerechtigkeitsproblem eingedämmt werden. Auch dem Problem des Ausschlusses politisch kompetenter Jugendlicher oder junger Erwachsener, das sich durch eine hohe Altersgrenze ergibt, kann damit teilweise Rechnung getragen werden.

Die Frage nach der (elterlichen) Stellvertretung kann unabhängig von der Festlegung der Übergangsmodalitäten diskutiert werden. Die Idee ist, dass Kinder so lange von anderen vertreten werden, wie sie selbst das Wahlrecht nicht ausüben können oder dürfen. Dabei ist unbestritten, dass diejenigen, die nicht selbst am demokratischen Prozess teilnehmen können, in irgendeiner Weise mitberücksichtigt werden müssen. Offen ist, ob dies durch Zusatzstimmen für Eltern geschehen soll. Elterliche Stellvertretung ist in jedem Fall eine Notlösung, da der Witz des Wahlrechts gerade darin besteht, dass man ‚sich selbst' in seiner Stimmabgabe ausdrücken kann. Jedoch ist der Idee einer politischen Stellvertretung nicht von vornherein jede Berechtigung abzusprechen. Es stellen sich aber Fragen dazu, wie es für Eltern möglich ist, ihre Kinder angemessen zu vertreten, und wie sichergestellt werden kann, dass sie das tun. In praktischer Hinsicht besteht stets die Gefahr, dass Eltern die Kinderstimme als persönliche Zweitstimme verwenden.

Will man die politische Stellung von Kindern stärken, so sollte man den Fokus nicht allein auf das Wahlrecht legen, sondern die vielfältigen Partizipationsmöglichkeiten in Betracht ziehen, die sich auch jenen bieten, die nicht direkt wahlberechtigt sind. Kinder sollten als ‚aktive' politische Personen gesehen werden, die sich mit ihren Werthaltungen und ihrem Erfahrungswissen in die politische Diskussion einbringen und Stellung beziehen können. Schon bevor sie mitbestimmen können, sollten sie als politische Akteure ernstgenommen werden.

Printed in the United States
by Baker & Taylor Publisher Services